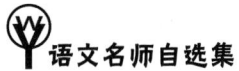语文名师自选集

我这样教学古诗文

董旭午 著

2020年·北京

图书在版编目（CIP）数据

我这样教学古诗文/董旭午著.—北京：商务印书馆，2020
（语文名师自选集）
ISBN 978-7-100-18443-4

Ⅰ.①我… Ⅱ.①董… Ⅲ.①古典诗歌—中国—教学研究—中学②文言文—教学研究—中学 Ⅳ.① G633.302

中国版本图书馆 CIP 数据核字（2020）第 070881 号

权利保留，侵权必究。

语文名师自选集

我这样教学古诗文

董旭午 著

商 务 印 书 馆 出 版
（北京王府井大街36号 邮政编码100710）
商 务 印 书 馆 发 行
北京市十月印刷有限公司印刷
ISBN 978 - 7 - 100 - 18443 - 4

2020年6月第1版	开本 880×1230 1/32
2020年6月北京第1次印刷	印张 9⅞

定价：45.00元

出版前言

本馆自 1897 年创立以来，始终肩负中国新教育出版重任，以"昌明教育，开启民智"为宗旨，先后编辑出版中小学各科教科书、教学参考书、工具书、教师用书等，分类编纂，精益求精，深受教育界同人欢迎。

新中国成立后，国家重视发展教育事业。中小学教改实验百花齐放，高等院校教学法、课程论研究百家争鸣，全国各地涌现出许多教学、科研带头人。他们居敬好学，躬身实践，著书立说，逐渐在教学界产生影响，得到认可，成名成家。为了反映和记录当代语文教学研究成果，也为了给青年教师提供可资学习借鉴的参考资料，我们策划了"语文名家自选集"和"语文名师自选集"两套丛书。"名家"因其"自成一家"，"名师"因其"著名"；名家是中老年居多，名师是中青年居多。无论名师名家，抑或年轻年长，这两套丛书关注的主要是在以下方面有所建树的作者：一、对语文教学的民族性、科学性有自觉认识；二、教学方法或研究方法植根于中国优秀语文教学传统，符合中国语文的特点，既有传承又有创新，能够科学有效地提高学生的语文素养；

三、其教研成果具有较为广泛的影响力和积极的指导作用。

宋代学者程颢有言："古者自天子达于庶人，必须师友以成就其德业，故舜禹文武之圣，亦皆有所从学。"希望这两套丛书的编辑出版，能够激励广大语文教师读者求其师友，持志问学。欢迎中小学语文教学界的专家、学者、老师支持指导我们，共同把这两套丛书出好。

商务印书馆编辑部

2019 年 1 月

目 录

引言：古诗文教学要走生活化教学之路 …………… 1

问题与思考篇

数词后置定语：其实远非那么简单 …………… 13
不可忽视：《兵车行》的两处"无疑之疑" …………… 19
《春江花月夜》诗跑题了吗？ …………… 27
李密何以能免去杀身之祸？ …………… 31
周邦彦为何非要描摹得那么细腻？
　——由周邦彦词《苏幕遮·燎沉香》的赏析谈起 …………… 37
最是那一只玄幻的孤鹤 …………… 43
那块"仆碑"，该别有一番真滋味 …………… 48
"天姥山"为啥会那么高大？ …………… 52
要的就是这"拣尽寒枝" …………… 58

目 录

方法与归因篇

五个"教会":生活化语文背景下的文言文教读策略 …… 65

有意思:学生乐学文言文最重要的前提 …………… 74

融通生活,活教活学词类活用 …………………… 87

古诗文教学"三要" ……………………………… 94

高中文言文教学:再也不能这样平庸下去了 ……… 103

文言文翻译扼杀掉的"语文味" …………………… 109

破开应试化背景下古诗词教学的死结 ……………… 115

古诗文也是教文立人的鲜活"例子" ……………… 122

教例与反思篇

目见耳闻,亦未必真——《石钟山记》教例 ……… 131

深明大义,侠肝义胆——《荆轲刺秦王》教例 …… 145

亭亭如盖的那棵枇杷树——《项脊轩志》教例 …… 160

尽吾志,书写无悔人生——《游褒禅山记》教例 … 175

一节课把课文背诵下来——《阿房宫赋》教例 …… 189

三人行必有我师——《师说》教例 ………………… 204

天下兴亡,匹夫有责——《五人墓碑记》教例 …… 218

同是天涯沦落人——《琵琶行》教例 ……………… 234

此中有真意——《归去来兮辞》教例 ………………………… 248

无比高大的天姥山——《梦游天姥吟留别》教例 …………… 263

多情自古伤离别——《雨霖铃》教例 ………………………… 278

生男埋没随百草——《兵车行》教例 ………………………… 292

引言：古诗文教学要走生活化教学之路

今年，我从教已 30 年，倡导并主持"生活化语文教学"实践研究也有 26 个年头了。多年来，我致力于创建"生活化语文课堂教学基本范式"和"生活化语文教育场"，并出版了《一化六教：生活化语文课堂教学基本范式》和《生活化语文教育场》等专著。说心里话，我主张语文教学要走生活化教学之路，同样也是在主张古诗文教学要走生活化教学之路，要返本归真，务实有效，健康发展。

何谓"生活化语文教学"呢？生活化语文教学，即教师的教与学生的学都与生活相融通，教与学的方法、过程、环境、体系、课程等全都"生活化"的语文教学。其中，最关键的就在于一个"化"字。化，就是回归生活这个本源，实现课内外诸要素、诸环节与生活高度融通。具体地说，就是实现语文课堂教学与作者生活、课文生活、读者生活、教师生活、学生生活以及生活情理等"多维生活"相融通，实现语文知识与生活情理相融通，实现学生课内体悟与课外体悟相融通，实现课内表达导练与课外自主历练相融通。

生活化语文教学的根本宗旨是教文立人。教文，简言之就是教学生学好和会学语文，掌握运用母语进行表达和交际的本领；立人，就是在教学过程的各个环节中自然无痕地有机渗透立德树人教育。我认为，古诗文教学的根本宗旨也应该是一样的。

我究竟是怎样教古诗文的呢？或者说，我所主张的生活化古诗文教学究竟是怎样的呢？

首先申明一点，我的古诗文教学主张，源于我对课堂教学的观察和思考。多年来，中学古诗文课堂教学一直紧盯着中、高考"指挥棒"，考什么就教什么，怎样考就怎样教。课堂教学几乎是词语解释、语句翻译、名句名段背诵的简单相加，课堂缺少生机和趣味，学生乏味、厌烦，甚至一提起古诗文就特别害怕。教师"死"教，学生"死"学，平时"死"练，考试"死"考，如此无限反复，恶性循环。这样的教学，眼光短浅，急功近利，机械干巴，肤浅且平庸，不见语言艺术的品析，远离学生的生命与心智，更是抛弃了教文立人的教育理想。

鉴于此，我力争让自己的生活化古诗文课堂教学真正实现五个"教会"（本书《五个"教会"：生活化语文背景下的文言文教读策略》一文有专门阐述，这里不再赘述）。简明地讲，就是启发、点拨学生多读、多品、多悟，形成较强的文言文语感和阅读理解能力；引导学生调动生命积淀、结合语境大胆地猜想和探究，灵魂站立着学习；指导学生在生动活泼的文言学习和积累中不断提升语言能力和素养，努力做到文言词汇、文言常识积累的生活化；指导学生深入文字"骨缝"，用生命和心灵背诵文言经典；引导学生深入课文和作者的生活，用生命和灵魂去咀嚼、品味、体验、感受、思辨。

实践证明，我的生活化古诗文课堂教学是符合古诗文教与学的规律的，特别受学生欢迎，也很务实有效。每一堂古诗文教读课上，学生都很乐意学，学得也很积极主动且有成效。也就在这一节节富有情趣、充满活力的课堂上，学生的人文素养和精神品格等也随之悄然地获得了实实在在的发育和提升。

当然，我们还须看到，中学古诗文教学之所以会长期存在弊端，这不仅与极端应试化的功利主义和实用主义有着比较直接的因果关系，还与一些语文教师的语文素养和人文素养不足以及语文教学评价的极端功利化等有一定的因果关系。由此可见，要想比较彻底地扭转中学古诗文教学的被动局面，还需要有一种返本归真的教学评价，还需要我们语文教师主动地去提升自身的语文素养和人文素养，并在教学过程中自觉拒绝那些扭曲和异化古诗文教学的因素，让古诗文课堂教学更深入，更本真，更有味道，更凸显教文立人。

为了能够与更多的朋友沟通、交流，也为了更好地推广我的生活化古诗文教学理念和做法，我遴选了自己的17篇论文和12篇教例，分"问题与思考篇""方法与归因篇"和"教例与反思篇"三编，选编成了这本自选集。其中，教例和反思占了绝大多数篇幅，因为对于"怎样教"来说，要靠教例来呈现。这17篇论文，都曾在《语文教学通讯》《中学语文教学参考》《中学语文》《语文教学研究》等刊物上发表过；这12篇教例，也曾在这些刊物上发表过7篇。需要说明的一点是，根据本书编辑的实际需求，这些文章和教例编入这本自选集时，大都做了适当的修订。由于我的学养和水平有限，文中的一些观点难免还会存在一些问题，表述上也难免仍有一些疏漏,敬请方家批评指正。

接下来,我就说说我的生活化古诗文教学的核心内容——实现课堂教学的四个"融通",概述如下。

一、实现课堂古诗文教学与"多维生活"的融通

实现课堂古诗文教和学与"多维生活"的融通,就是实现课堂教和学与作者生活、课文生活、读者生活、教师生活、学生生活以及生活情理等的相互融通。主要做好两件事:一是教师引导学生深入地读懂课文,比较准确、深刻地理解和把握课文的内涵与主旨;二是教师引导学生反观语言文字,探究作者到底是怎么写的且又为什么要这样写,深透地品析课文的语言艺术,真正享受到语言艺术之美,教学生学好母语。

先说这第一件事。与现代文本的作者一样,古代文本的作者也是想通过作品来表达自己的理想、情感、愿望和主张。这就决定了一点,即学生要想能够真的读深、读透课文的内涵和主旨,就必须得先深入走进作者生活,与他进行心灵对话,真正读懂他的理想、愿望、情感和主张,比较深入地了解他的写作意图。不仅如此,学生还要深入课文生活,走进课文的情节、情境、环境,与课文主人公进行心灵对话。只有这样真正深入了解作者的生活背景及其理想、愿望、情感、主张和写作意图等,学生才有可能真正读懂作者为什么要写这篇文章,是写给什么人的,究竟想要表达怎样的情感、意愿或主张等。如《兰亭集序》《赤壁赋》《后赤壁赋》《游褒禅山记》《春江花月夜》《醉翁亭记》等课文的教读,师生就都应该先在深入作者生活和作

品生活（指文本内的语境、场景、情境、意境以及社会和自然环境等）上下些真功夫。

再说这第二件事。我始终认为，作品的内容和主旨都是作者对生活的体验、思辨、理解、认识和感悟等，而作品的遣词造句、布局谋篇、运招用技等又都是在为表达好这些思想内容而用力。文言课文都是千百年淘漉下来的文质兼美的经典作品，在写作技巧方面往往做得更到位和出色，因而更有利于引导学生品析、探究作者是怎么写的和为什么要这样写。

如白居易《琵琶行》"今夜闻君琵琶语"中的"语"完全可以用"音""声""调"之类的字，这似乎更自然，但诗人却用"语"，这绝不仅仅是一个拟人修辞就能说清楚的，这应该是在全力表现诗人"同是天涯沦落人"的感慨。只有"同是天涯沦落人"，才有可能真正听懂琵琶女所弹奏的曲子。陶渊明《归去来兮辞》中有几句诗，突然由前面的六言转为四言："乃瞻衡宇，载欣载奔。僮仆欢迎，稚子候门。三径就荒，松菊犹存。携幼入室，有酒盈樽。"之后又转回六言。试想想，这种四个字的语言节奏与诗人归家急迫、到家喜极的心情不正合拍吗？此外，"松菊犹存"一句中的"松菊"，更是一种高洁人格的隐喻和象征，岂止是具体的"松菊"借代诗人的"高洁心志"！李密《陈情表》的精心布局和得体语言，使他最终说服了晋武帝，达到了归养祖母的写作目的。不再赘例了。这里只强调一点，现在的古诗文课堂教学几乎见不到这种深入其里的生活化品析和探究，几乎都是清一色的干巴巴的解词和翻译，与这多维的"生活"几乎彻底绝缘了。严肃点讲，这对母语教育和语文审美是极不负责任的！

二、实现课文语文知识与生活情理的融通

语文知识一般包括语法、写法、修辞、作家作品等方面的知识。由于语文知识都是源于生活的，因而教师必须回归生活，活教和教活，以使学生能够做到活学和学活。只有这样教与学，才有可能做到教师会教、教活和教实，学生也能学活、学实、学会和会学，而绝不是硬塞给学生一些僵死的定义或概念，把学生活活教傻、教死！

比如，语法知识方面，文言文常会涉及一些词类活用、倒装结构（如宾语前置、定语后置、谓语前置等）之类语法现象。其实，这种词类活用现象就是在现代汉语中也比比皆是。如"取长补短"中的"长"和"短"，就是形容词作名词；"比张三还张三"中的后一个"张三"，就是名词作动词；"美丽我的家乡"中的"美丽"，就是形容词动化，且表使动，客观上有一种"将要或已经使家乡变得美丽"之意味；北方方言"我就狗你了"中的"狗"，就是名词动化，表意动，把人看作狗之意，是一种主观想法，并不意味着客观上已经有了这样的变化。还有倒装结构，往往也不是为倒装而倒装，都是有其特殊的表意功能的。如"甚矣，汝之不惠"（《愚公移山》）中的"甚矣"，就是谓语前置，是为了突出"你这个人愚蠢的程度"；"人马烧溺死者甚众"（《赤壁之战》）中"烧溺死者"，就是定语后置，是在强调"都是烧死和淹死的呀，太惨了"之意；"以其无礼于晋"（《烛之武退秦师》）中"于晋"，就是状语后置，是为了突出"对晋国无礼"之意。事实上，文言语句的语法结构也不都是倒装的，只是为了强调或

突出某种意味的时候才倒装的。由此可见，仅仅把为文言倒装句归类（或指明标识），把其翻译成归回原位的现代汉语，这种做法太过简单粗暴，距离活学、学好母语，掌握运用母语本领这一生活化教学本务的要求更是相差甚远！为此，教学时教师一定要引导学生回归现实生活和生活情理，并深入语言环境和生活情理去用心体味，进而真正学透古人运用语言文字的规律和方法。

再比如写法和修辞知识教学，也要积极引导学生回归生活情理去用心探究。如"娶媳妇放鞭炮"是烘托，人家娶媳妇你去演奏《二泉映月》叫反衬，"下雨前往往铺云刮风"是铺垫；"生动、形象、含蓄地把话说好"需要比喻，"一桩桩一件件地数落"就构成了排比。文言文中的写法和修辞等知识，也是要这样回归生活地活教、教活的，以使学生能够真正活学、学活并学会。此外，就是最需要死记的作家作品知识，也要在深入切准作家思想和情感脉搏的基础上去理解和记忆。是否记住了李白是唐代诗人，与学生的发展和未来似乎没有什么大关系，但若不能够读懂李白文字后面的灵魂，就有可能会影响学生的生命质量，进而影响到他们的发展和未来。

三、实现学生课内体悟与课外体悟的融通

所谓学生课内体悟与课外体悟的融通，主要指课内师生教与学的生活与学生课外的语文学习生活相融通。课内，教师教学生"多维生活"融通地体验、感受、思辨、感悟课文何以这样而不那样遣词造句、布局谋篇、运招用技；课外，指导学生在阅读、写作、听闻和观察中感悟这种为文之道，进而真正把语言表达艺

术学活、学透。

如"明星荧荧,开妆镜也……杳不知其所之也"(杜牧《阿房宫赋》),就是按照宫女们开妆镜、梳晓鬟、弃脂水、焚椒兰,等待皇帝垂幸的现实生活的时间顺序写的。之后的"一肌一容,尽态极妍。缦立远视,而望幸焉,有不得见者三十六年"这几句总结性描述,又是因前面的描写而顺承生发的。假如把"一肌一容,……有不得见者三十六年"置前,其表达效果则肯定不会太好。这几句里的时间顺序、分总顺序以及造句的妙处,教师要启发学生深入字里行间自主地体验、思考和感悟。

再如"明月不谙离恨苦,斜光到晓穿朱户"(晏殊《蝶恋花·槛菊愁烟兰泣露》),其中"明月不谙离恨苦"不仅是拟人修辞,更是思妇的一种哀怨,哀自己的青春就像春红一样在凋谢,怨那轮明月不懂得自己的心思。试想,"明月"本来就不会懂得"离恨苦"的,词人这样写,就是为了突出思妇焦渴、无奈、哀怨的内心,诗味尽在这无理的"疯话"之中。"斜光到晓穿朱户"中的"穿"字也不仅是炼字多么高妙,更是思妇万箭穿心般难熬的思念的生动写照。品析这两句词,教师一定要点拨学生充分调动自己类似的生活体验,进而感同身受,走进人物内心世界,从而悟得这两句词的表达艺术。

每次上课,教师都这样引导学生,日久天长,学生在课外生活中品读陌生的古诗文时,自然也就学会了阅读、体验、思考、品味的方法,直至做到课内与课外真正融通,并且还会慢慢形成自觉,养成品读习惯。这样一来,不仅有助于促进学生体悟力的课内外互哺共生、良性循环,还有益于提升学生的语言和审美能力。

四、实现课内表达导练与学生课外自主历练的融通

生活化语文教学理念主张要实现课内表达导练与学生课外自主历练的融通。课内，教师在课文教学过程中适时教学生或依文仿写、扩写、续写、补写、改写、感评等，或依特定语境练写祝福语、主持语、实用文（包括启事、通知、计划、总结、楹联、假条、借条等）、点评、微报道、发言稿等，或自主发现课文内容的可思辨点并积极进行独立思辨。

如教读《五人墓碑记》，引导学生依文为"五人"写挽联、点评，写纪念会主持语，把课文改写成剧本等；再如教读《季氏将伐颛臾》，引发学生扩写人物心理活动、补写必要的对话场景，思辨、点评孔子"只要高树仁德就会实现天下和谐"的观点，等等。

课内长期这样教学，学生课外读古诗文时自然也会留意于此，仿照课内教师指导的方法去做。我的教学实践证明，如果教师能够结合学生课外古诗文阅读，定期、适度地做一些督查式的检测，学生会做得更好。这种课内表达导练和课外自主历练的融通，不仅有益于学生学好古诗文，不断提高语言表达能力，更有利于他们自主、独立而又健全的灵魂的发育。

最后，我再强调几句。生活化地搞好中学古诗文教学，其理想途径绝不止上述四条，还需要我们进一步探索和研究。当然，如果我们真的做实做好这四点了，似乎也不能一下子根治教学评价极端"应试化"和功利化的病症。但无论如何，作为一位有良知的语文教育工作者，我们有责任让古诗文课堂教读做得深入一些、本真一些、生活化一些，以更有益于教文立人。从这个意义上来讲，返本归真，守本务实，走生活化教学之路，教好文也立好人，注定应该是中学文言文教学健康发展的理想选择。

董旭午

2019年1月于泰州闻鸡斋

问题与思考篇

数词后置定语：其实远非那么简单

《核舟记》的最后一段写道：

通计一舟，为人五；为窗八；为箬篷，为楫，为炉，为壶，为手卷，为念珠各一；对联、题名并篆文，为字共三十有四。而计其长曾不盈寸。盖简桃核修狭者为之。嘻，技亦灵怪矣哉！

上例中的"五""八""一""三十有四"等历来被视为定语后置，一些文言文学习辅导资料也多以此为例，称之为数词作定语后置，翻译成现代汉语时往往得添加量词"个""扇""只""册""串"等，译成：总计这只小小的核舟，（竟）雕刻有五个人、八扇窗户，还雕刻了一个箬竹叶船篷、一只船桨、一个炉子、一只水壶、一册手卷、一串念珠，对联、题名和篆文一共刻了三十四个字。应该说，这样的讲解和翻译虽然确实没有错，但仅仅使学生理解到这一点，其实还很不够，还不能使学生深入地品味到语言的真味。可惜的是，时至今日，这篇课文的教读重点仍仅限于教学生翻译完句子、记住数词作定语后置。就是讲析此文的写作艺术，也大多是停留在说明的顺序如何清晰、描写如何生动、细腻上,至于作者为什么非要用数词定语后置的方式来介绍核舟上的人、窗,则往往不见下文。

其实,细读此文,不难发现,作者写作此文的意图不仅是为了生动形象地把核舟上所雕刻的物什介绍清楚,而更应该是为了赞叹奇巧人王叔远雕刻技艺的绝妙。请看,文章开门见山:"明有奇巧人曰王叔远,能以径寸之木,为宫室、器皿、人物,以至鸟兽、木石,罔不因势象形,各具情态。"这样的介绍,字里行间都流露出作者的赞叹之情,尤其是"径寸之木""罔不""各具"等词语,更是流露出作者叹服钦佩的情感。文章结尾,作者更是压抑不住内心的赞叹——"而计其长曾不盈寸。盖简桃核修狭者为之。嘻,技亦灵怪矣哉!"由此可见,造"为人五""为窗八"这类句子,作者绝不仅是为定语后置而定语后置,而是有自己的用意。下面,笔者略陈理由。

作者是想用这样的句子为表达自己的赞叹之情增势助力。请看,"通计一舟,为人五;为窗八;为箬篷,为楫,为炉,为壶,为手卷,为念珠各一;对联、题名并篆文,为字共三十有四",这组句子中的"五""八""一""三十有四"等数词都是后置定语。这些数词定语后置的句子变形艺术,刺激了读者的阅读视觉,进而强化了句子的特殊表意功能:这小小的核舟竟然雕刻上了五个人、八扇窗,可见,雕刻艺人王叔远的技艺有多么高超!这样造句,既保证了句式的整齐有力,又突出了表意重点,即小小核舟之上雕刻的东西之多,进而突出雕刻艺人王叔远技艺高超,字里行间也流露出了作者的赞叹之情。

其实，生活中常有这种语言现象，即通过将定语后置来强调、突出这个定语的重要性。如下面这几个语句：

（1）这黄瓜，水灵灵的，还顶花带刺儿呢，真招人喜欢！
（2）这馒头，热腾腾的，又大又白，看着就想咬两口！
（3）给我称里脊肉，一斤！

这些句子，通过将定语后置，突出强调"黄瓜是新鲜又水灵的"，馒头是"又大又白又热乎的"，里脊肉"只要一斤"，从而实现了句式变形的特殊表意效果。如果把这些句子的定语再归位，就变成了下面这样：

（1）这水灵灵的、顶花带刺儿的黄瓜，真招人喜欢！
（2）这热腾腾、又大又白的馒头，看着就想咬两口！
（3）给我称一斤里脊肉！

修改后，句子倒是规范、正统了，且语意上也没啥变化，但那种活泼生动、突出定语的意味却荡然无存了。本文作者魏学洢也是深谙此理的。

一些现代白话课文里也不乏类似的例子，例如：

淡黑的起伏的连山，仿佛是踊跃的铁的兽脊似的，都远远地向船尾跑去了，但我却还以为船慢。

（鲁迅《社戏》）

这个句子，其中"仿佛是踊跃的铁的兽脊似的"就可以回归到"连山"之前，变形为"淡黑的起伏的仿佛是踊跃的铁的兽脊似的连山，都远远地向船尾跑去了"。这样一来，句子的意思仍一样，但由于"连山"的定语拖得过长，句子就缺少了活泼明快的节奏，与小说中"我"和小伙伴们想快些划船到"赵庄"看社戏的急切心情就不合拍了。但如果把这个短语置于"连山"之后，将这个定语拖后，句子就一下子不再冗长沉闷，变得活泼明快起来，这就非常符合课文的意境了。真可谓，那"铁的兽脊似的连山"仿佛也随人心愿，不由自主地神气起来了。不仅如此，有的时候，这种变形的句子还会关涉到课文的思想主题和主人公的命运。如鲁迅小说《祝福》描写祥林嫂那经典的几句：

> 她一手提着竹篮，内中一个破碗，空的；一手拄着一支比她更长的竹竿，下端开了裂：她分明已经纯乎是一个乞丐了。

这里，鲁迅把"空的""下端开了裂"单独放在后面，不仅加深了读者对祥林嫂苦难境地的印象，也更加突出了祥林嫂的悲惨命运和小说的思想主题。试想，读者读到这"空"和"下端开了裂"，自然会在这非常规的变形句式的刺激下产生联想："空的"，突出祥林嫂什么也没乞讨到以及鲁镇人们对她的冷漠；而竹竿"下端开了裂"，则不仅表明她沦为乞丐的时间很长，更表明她已经虚弱到几乎把身体的全部重量都压在竹竿上了——或者还曾用这支竹竿打过企图咬她的狗，以致使竹竿下端都开了裂。如果按照顺装句的写法应该是："她一手提着竹篮，内中一个空的破碗；

一手拄着一支下端开了裂的、比她还长的长竹竿。"这样一来，语言的味道就全没了。可见，作者是如何苦心经营这几个看似平常的句子的，其不可言表的深意都蕴含在这变了形的句子之中了。再如，朱自清散文《春》结尾的几句：

> 春天像刚落地的娃娃，从头到脚都是新的，他生长着。
> 春天像小姑娘，花枝招展的，笑着，走着。
> 春天像健壮的青年，有铁一般的胳膊和腰脚，他领着我们向前去。

若将定语归位，这三个句子可改写成：

> 春天像从头到脚都是新的、生长着的、刚落地的娃娃。
> 春天像花枝招展的、笑着走着的小姑娘。
> 春天像有铁一般的胳膊和腰脚、领着我们向前去的、健壮的青年。

改后的句子，语意上与原句几乎没有什么变化，但这样的语句，读起来很沉闷，节奏远没有原句那样活泼明快，这就很不符合文章整体上的节奏了，也不能恰切地表达出作者那热烈、奔放的愉悦心情。可见，鲁迅和朱自清两位文学大师也都是深谙句子变形的特殊节奏和表意功能的。

说到这儿，也许有人会认为，这样分析是不是有点儿牵强。那就不妨再看看文中"船头坐三人""左手倚一衡木""楫左右舟子各一人"等句子，其中的数词"三"和"一"也都是定语，但却都没有后置。可见，作者并没有处处都安排数词定语后置。理由很简单，这些句子只是一般性陈述，与文章结尾处的作者高度赞叹的语境不一样，因此大可不必为定语后置而定语后置。不难看出，作者造句时绝不是随意而为的，而是非常在意不同句式的不同表意效果的，是用心来遣词造句的。

　　说到这里，似乎该结束这个话题了，但笔者还想补充强调两点：一是文言文教学不等于解词、翻译加背诵，仍需引导学生认真地关注语言现象，教他们深入课文内容、情感、主旨等来品足语言艺术的真味，担当起教学生学好母语的使命。二是一定要具体问题具体分析，绝不能仅仅为关注语言现象而关注语言现象，搞得每个句子都去品味微言大义，这样一来，反而会导致教学牵强附会、机械乏味，不受学生欢迎，效果很差。当然，仅仅强调文言文的定语一般都后置，翻译成现代汉语时需把后置定语移到中心词之前，则更容易误导学生就天真地以为文言文的定语都后置，从而根本就认识不到后置定语的特殊表意功能。果真如此，那就更是误人匪浅了。

不可忽视：《兵车行》的两处"无疑之疑"

有些疑难问题，课本上明摆着，尤其是参考书上还有所"指导"。这都好办，大不了照着参考书讲解就是了。比如"祥林嫂为什么不肯嫁给贺老六？""《琵琶行》三次写到'月亮'有什么作用？""《南州六月荔枝丹》为什么要引用很多古诗词？"等问题，都是明摆在那里的，参考书还做了"指导"的。但有的疑难问题（往往还特别重要），参考书上无说明，教者也根本看不出来，但很多教师竟还是"有声有色"地把课上完了。杜甫《兵车行》这首诗里有两处"无疑之疑"：其一，作者为什么要用百姓生离死别的场面开头？其二，作者为什么不肯自己亲自出场问话？这两个疑问就常常会落到无人问津的结局。

我们不妨先来看一看当下赏析这首诗的主流说法：这首诗主题鲜明，通过具体事实直接控诉了最高统治者一己之私给社会带来的不幸与灾难。在艺术形式上，第一，先以记事铺叙，渲染氛围，再以记言直抒胸臆。第二，采用杂言体，以五言和七言为主：五言急促短暂，表达愤慨和憎恨；七言深沉哀婉，表达悲愤和哀伤。诗人在描写时，五言与七言交错使用，使音节与情感相一致，富于表现力。第三，修辞手法上，有夸张、比喻、叙述、议论、对比、顶真等，使诗歌语言节奏感强，形象鲜明。尤其是顶真句式的运用，使全诗情感一气连贯，真挚深沉，感人肺腑。第四，用韵方面，以用韵表达感情的变化：描述时用平声韵中的萧韵，语气稍稍平和；行人答语部分先用安韵，语气稍缓；后多用仄声，语调急促，情感激烈，语气急切；末复归平声，尤韵，语意悲切沉重。第五，以哭声领起再以哭声作结，前后照应，既加深了读者对战争灾难的直观认识，也突出了这首诗的思想主题。

这样的赏析，可谓高屋建瓴，干净利落，一些参考资料上随处可见。但是，我们却不能不特别疑惑：这种依段解说、干巴寡味的赏析，根本就不是学生用生命去体验、感受、思考和感悟后生成的，这对他们学习和悟得语言表达的奥妙到底能有多大用处呢？尤其是前文提及的两处"无疑之疑"，这些参考资料往往是一言不着，未免更是令人失望。

有人可能会不服气，这类很概括的例子并不能说明问题。那好，我们不妨再看一个"情节再现式赏析"杜甫《兵车行》的例子：

全诗的第一层，是诗人所见的实录：车鸣马嘶，牵衣顿足，放声悲号，声震云霄。"车辚辚，马萧萧"句，辚辚形容车轮发出的急速、短促的咯咯声，萧萧则指战马嘶鸣，两个拟声词渲染了急促、紧迫的氛围。行人都自备好弓箭，行走甚急，整装出发。爷娘妻子奔跑着相送，边跑边叮咛，车马人群腾起的黄尘把咸阳桥都遮蔽住了。场景纷乱，阵容之大，不但体现了征伐的行人多，还体现了征伐之急。此层系白描手法，主要通过声音的描写烘托纷乱的场景,渲染悲慨的氛围、悲壮的场面,将历史真实与艺术创作结合起来,为下文铺叙定下基调。

全诗的第二层由行人的答语组成,可以分为两个部分。行人答语的第一部分,描写道旁过者见到行人弓箭在腰,亲人相送,牵衣顿足,哭声震天,惊诧于此,不禁上前问"行人"缘由。首先,"行人"以一句"点行频"点明了这是他们常遭遇的情况。其次,"行人"进一步诉说:他们中有人刚十五岁,虽还没有到当兵出征的年龄,但却由里正裹起了头发,送到北边的战场。即使侥幸没能死在战场上,四十岁了,头发花白,刚从一个战场回来,却又不得不奔赴另一个战场。

"武皇开边意未已"是全诗的点睛之笔。边境流血已成海,但是武皇开边意未已。皇帝的拓边政策,打乱了百姓原有的男耕女织的生活秩序。男子都去战场了,千村万落只能由女子耕种,没有章法,长满了荆棘。就是勤苦耐劳,作战英勇秦地的战士,也会被像鸡犬一样驱赶到战场作战,直至作战到老、到死。"武皇"句,直接地揭示帝王因一己私欲而带给国家、人民的深重灾难。"点行频""边庭流血成海水""千村万落生荆杞""生男埋没随百草"等都是因此造成的。"君不闻"这一呼告语,更是表现了因战争而带来的灾难已是天下皆闻。帝王为了满足自己好大喜功的野心,边将则为了迎合君主的愿望,满足自己的狼子野心,以数万人之命换一官,以数十万人之命换一城,完全不顾百姓死活。正如当时的诗人刘湾所斥的那样——"死是征人死,功是将军功"(《出塞曲》)。此处就是借行人口吻,把不满和批判的矛头直接指向了当时的唐王朝。

"道旁过者"的疑问，引发了行人的一系列愤懑的答语。"道旁过者"可以是杜甫，也可以是与杜甫同行之人。后边所提的"长者"也可能是行人对有名誉地位的人的尊称，不必机械地看成是上了年纪的人。过路人却没有被强抓去做征人，想必该是有些名誉地位，"生常免租税，名不隶征伐"的人，极可能应该是诗人自己，不过是借用他人口吻去询问罢了。这样一来，诗人便可从诗中脱开身子，以一个局外人的身份，客观而冷静地描写这一惨状。

行人答语的第二部分，也是第二层的第二部分。将士的生命被君王视如草芥。长者即使有问，"役夫敢申恨"，一个反问的句式把心中所有的愤慨全都展示了出来。"且如"二字是"就好比"的意思，表示仅举的其中一个方面为例。上文提到"千村万落生荆杞"，田地全部荒芜，没有收成，而今却"县官急索租"，雪上加霜。此处"急"字体现了地方官员们的毫不同情、毫不通融和宽限。那么这些租税又能从何来呢？百姓呼天天不应，唤地地不灵啊！重役又重税，哪里还会有活命的出路！心生绝望，不由得发出愤激之语："信知生男恶，反是生女好。生女犹得嫁比邻，生男埋没随百草。"

古人重男轻女，这是铁律。但是，就算是女儿嫁入征人家，也不过是守寡终生，同样是不幸的。男儿都因战争尸骨无存，埋没百草，而生个女儿嫁给邻家，毕竟还是可以经常见见面的，所以老百姓才不由得发出这样的愤懑心声。后来在《新婚别》中，杜甫更是愤愤地写道："嫁女与征夫，不如弃路旁。"可见，百姓的无奈与悲愤。这句反传统的激愤之语，饱含着"行人"

极大的愤恨，也代表了百姓的心声。深刻反映了"行人"及其家庭以及整个社会的不幸，揭露了拓边战争给普通百姓带来的巨大伤害。

诗的第三层，是诗人听了"行人"控诉后的总结。这几句，紧承"边庭流血成海水"这一伏笔，将视线拓展到了青海头，使人似乎看到了那些客死他乡的征人的累累白骨，也呼应了"生男埋没随百草"。这是诗人的想象，但是在几年后《北征》中，诗人以实笔写下了"夜深经战场，寒月照白骨"的真实。

鬼有新旧，可见战死的征人之多，又呼应"边庭流血成海水"。新鬼怨，旧鬼哭，风过百草悲鸣，这又何曾不是所有活着的人也在怨、在哭？行人生前征战疆场，风餐露宿，死后竟曝尸荒野，得不到一个安稳之所，只能在那里听新鬼怨、旧鬼哭，"天阴雨湿声啾啾"。这悲泣的诗句里，既有诗人对极尽欢娱的君主的怨恨与控诉，也有对百姓灾难的哀悯与同情，更有对穷兵黩武的拓边之战的愤怒和批判。这里，诗人再以哭声作结，前后照应，也暗示了这些人的哭声，也许过不久便会化作鬼哭。悲哀孕乎其中，天地亦为之大悲。

重述这篇赏析文字，笔者绝无意于做"文抄公"，只想借此来说明：到目前为止，这种"情节再现式赏析"仍很权威，仍遍布各种教学参考书和教辅资料，仍被绝大多数语文教师认真地采用着。这一点，只要我们走进一些语文课堂就会发现，尽管诸如师生对话、合作探究、自主生成之类，招法不少，花样翻新，但我们还是会看到这种赏析文字的影子甚或全貌的。

笔者这样讲，并不是说这篇赏析文字就一无是处，更不是说老师们就一点儿也不能借鉴。这一点，只需我们再看看这篇赏析文字就能做出正确判断。比如，这篇赏析中关于一些字词、句子，尤其是一些修辞和写法等的作用评析，就是很值得借鉴的，只是绝不可仅仅平板地停留于此。笔者要强调的是，多少年来，我们的语文教学就仅仅停留在这种只教"是什么"和"怎么样"的层次上，对"作者为什么要这样写"（尤其是那些最关键的"为什么"）这样的问题却极少问津，或者根本就想不到。比如，杜甫这首《兵车行》的教学，只知道在那里表述开头一段所描写的场景多么惨烈，就不知道问一个"作者为什么要用百姓生离死别的场面开头？"只知道在那里解说"过者"和"长者"可以是作者，也可以不是作者，更有甚者还要去考证一番，就是不知道问一句"作者为什么不肯自己亲自出场问话？"这样的问题看似无须问，实则是关系到作者为什么要这样写的大问题。这两处"无疑之疑"可谓意义重大。

语文教学的本务就是发展学生的思维能力，教他们学好语言表达艺术的，而我们的语文教学却长期停留在"是什么"和"怎么样"的层次上，这又怎么能够识得"庐山真面目"呢？这就好比一位农民要教儿子学会种地，总是在那里讲什么是种子和肥料，该怎样播种和施肥，而不去做示范，更不去解释究竟为什么非要这样播种和施肥的道理，孩子终还是不知其所以然的，终还是成不了种地专家。同理，长期这样浅层次地进行平面化的教学，学生又怎么能够真正悟得作者这样写的缘由呢？学生长期搞不透这一切究竟是为什么，又怎么会真正对语文学习有兴趣呢？而没有了这"兴趣"，也就等于丧失了学习语文的原动力，那还谈什么自主学好语言表达艺术呢？目前，这种严重忽视重要问题，浅层次、平面化，不务"正业"，效益很低的课堂教学现象很普遍，问题很严重。希望能够引起高度重视。

下面，我们还是回到前文提到的那两处"无疑之疑"上吧。要回答第一个问题，笔者认为，至少需要考虑到作者、文本和读者三个维度。作者是有他的写作意图及其要表达的情感的，文本是有其思想主题和表达艺术的，读者是有其思想情感和审美需求的。作者这样开头，无疑是想最好地满足这三个维度的若干需求。比如，作者维度，应该是对突出作者的思想情感更有利；文本维度，应该是对突出作品的思想主题、定下全诗的情感基调以及首通过尾呼应来渲染烘托气氛和情感等更有利；读者维度，应该是强力激起共鸣，制造悬疑吸引读者，令读者展开想象，对给读者留下深入、多维品味的余地等更有利。要回答第二个问题，也要从作者、文本和读者这三个维度找理由：作者维度，是担心自己直接参与进去，情感上会带有倾向性（好像是我一个人的个别看法似的），同时表达情感也不便利，甚至还会有更大的风险；文本维度，让"过者"或"长者"出场代作者言，作者远远地站在一边看，这样会更接近生活的真实，也会更客观；读者维度，会有一种亲耳听老杜在讲一个悲惨故事的感觉，会更容易进入"故事"，与"行人""过者"以及悲惨的百姓等零距离接触，同呼吸，共悲伤。这三个维度是由生活情理决定的，这就是生活化地教学生用生命去多维、深入地赏析。

我们完全可以这样讲，这首诗的教学如果不解决好这两处"无疑之疑"，基本就等于没有完成教学任务。这不仅是教学这首诗所存在的问题,更反映了一种课堂教学普遍缺乏生活化智慧,不能使学生深透悟得语言表达之妙的大问题。语文教学固然有审美教育、情感教育、生命教育、人文教育等功能,但这些教育必须以完成教学本务为前提,也必须在完成教学本务的过程中合理、无痕地进行有机渗透,绝不能喧宾夺主,甚至以宾代主。再强调一点,解决这两处"无疑之疑"都不能靠教师直接讲授,而是要引导学生深入作者生活、文本生活、读者生活,回归生活情理去细读深思,用心感悟出来。

最后,希望我们语文教学界的同人都能够自觉提高语文素养,拒绝这种不作深思、照搬成说的教法,多在思辨、探究"为什么"(尤其是那些最关键的"为什么")上下功夫,于无疑处生疑,都能够生活化地去活教、教活。唯有如此,我们语文教学的本务才有可能会完成得更到位一些;也只有扎扎实实地这样教读,我们的语文教学才有可能让学生真感兴趣、真有收获,进而走出各种不务"正业"的误区。看来,《兵车行》的这两处"无疑之疑",还真的是特别值得关注和深思。

《春江花月夜》诗跑题了吗？

《春江花月夜》的主旨内涵到底是什么？现有的"成说"一直有"跑题"之嫌。

近日，又一次教读这首诗，各种教辅（包括教学参考书）、学辅资料的说法仍照旧：第一部分写春江美景背景下诗人面对江月所产生的生命感慨；第二部分写人间思妇和游子的离愁别恨。也就是说，第二部分是游离于第一部分所表达的"自然是伟大而永恒的，人之个体生命是短暂、弱小的，而人类的代代不息则是永恒的"这一哲思之外的。或者说，这两部分的主旨内涵互不搭界，各说各话。我以为，第二部分表面上确实在写人间思妇和游子的离愁别恨，而作者的意图绝非仅仅在于为读者展现一个凄苦相思的爱情故事，也无意于讴歌这种相思如何凄美与纯真，也同样是在表达"自然是伟大而永恒的，人之个体生命是短暂、弱小的，而人类的代代不息则是永恒的"这一主旨内涵，只是更为感性且委婉地表达诗人这一哲思而已。如果只是机械地把这第二部分理解为思妇思夫的缠绵悱恻和游子客居的寂寞孤独，无疑严重地破坏了这首诗的整体性和有机性，致使这首诗成了一首"跑题诗"。

请看，诗的第一部分首先为我们勾勒出一幅春江月夜的壮丽画面：江潮连海，月共潮生。江潮仿佛就和大海连在一起，浩瀚无垠，气势恢宏。此时此刻，月光普照千万里之遥，没有一处春江不在这明月的朗照之中。江水曲曲弯弯地绕过花草遍生的春之原野，月色泻在花树上，像撒上了一层洁白的雪。"空里流霜不觉飞""汀上白沙看不见""江天一色无纤尘"。在这空旷寥廓、空明澄澈、恬静幽美的天地宇宙之下，诗人不禁遐思冥想："江畔何人初见月？江月何年初照人？"紧接着又生发出生命之于宇宙的感慨与哲思："人生代代无穷已，江月年年只相似。"感慨人的生命短暂与渺小，大自然的永恒与伟大。当然，这"人生代代无穷已"也流露出了"人的个体生命是短暂和渺小的，而人类的存在则是绵延久长，与江月共存"这样的积极意味。"不知江月待何人，但见长江送流水"这两句是紧承上一句中"只相似"而来的。江月有恨，流水无情，接下来诗人也就很自然地又联想到了这春江花月夜中思妇与游子两地苦苦相思的故事。

第二部分一开始，诗人用"白云"四句总写思念之情。其中，"白云""青枫浦"写物寓情。白云飘忽，象征"扁舟子"的行踪不定。"青枫浦"为地名，但"枫"和"浦"在古诗中又常作为感别的景物、处所。"谁家""何处"这两句是互文，表明这离愁别恨何止一家一户。接下来"可怜"八句承"何处"句，写思妇对离人的思念。诗人不直说思妇的悲和泪，而是悲泪自出。诗人将"月"拟人化，用"月"来烘托思妇的相思之苦。"徘徊"二字尤为传神，就仿佛特别同情思妇一样，要与她做伴，为她解愁，在楼上徘徊不忍离去,静静地把柔和的清辉洒在妆镜台上、玉户帘上、捣衣砧上。这无疑更使得思妇触景生情,反而相思更甚。她多想立刻赶走这恼人的月色,可是月色偏偏是"卷不去","拂还来"。此境此景,只能痴心地遥望长空中的那轮孤月,却得不到夫君的一点信息,多想就追随着这流动的月华来到他身边啊!可是,鸿雁远飞,飞不出月的光影,飞也徒劳;鱼儿在深水里跃动,又能跳多远,只不过是激起阵阵波纹罢了!最后八句写游子思妇。诗人也是没有直接写,而是用"落花""流水""落月"来烘托"扁舟子"的思归之情。他连做梦都想快回家啊——花落闲潭,春光易逝,人生易老,相思的夫妇却还远隔天涯,情何以堪!江水流春,流走的不仅是自然的春光,也是游子的韶华、幸福和憧憬。江潭落月,则更烘托出了"扁舟子"凄苦的相思。相思如此凄苦,有情人却天各一方,无法相见,只因为碣石与潇湘之间,天阔路遥啊!

赏读到这里,我们不仅恍悟:诗的第二部分("白云一片去悠悠……落月摇情满江树"),表面上写的是人间思妇游子的离愁别恨,实质上则蕴含着人在自然伟力面前是渺小、无力和无奈的道理。尽管思妇和游子相思刻骨,但也无法以相逢慰相思,因为"碣石潇湘"之间有着"无限路"。纵是"鸿雁"可以"长飞",终归还是飞不过这片无尽的月光,纵是"鱼龙"能够"潜跃"也仅仅是"水成文"而已。相隔万水千山,两个相思极苦的人也只能幻想"愿逐月华流照君",慨叹"昨夜闲潭梦落花"。可见,这一部分并不是什么写"游子思妇"刻骨相思,而是想借这个凄美的相思故事来形象化地印证诗人关于人与自然、宇宙的哲思,与全诗的思想主旨是贯通和统一的。诗的最后两句"不知乘月几人归，落月摇情满江树"则是在"人力的渺小和无奈"的前提下，进一步表达出一种不屈不挠、积极向上的人生思考。尽管"斜月沉沉"，前路"海雾"弥漫，尽管"碣石潇湘"，路遥无限，还是有人"乘月"而归，追求着人生的幸福和美满的。

　　多次教读这首诗，每次都深感一些"成说"很牵强。这首诗第一、二两部分主旨内涵怎么可以互不搭界、各说各话呢？说实话，假如诗人真的仅仅是为了写一段凄美的刻骨相思，那不明显是在授人以跑题之柄吗？

李密何以能免去杀身之祸?

《陈情表》是西晋蜀人李密写给晋武帝的奏章。文章叙述李密自己的悲惨身世、祖母抚育自己的大恩,以及自己应该报养祖母的大义。当然,除了感谢朝廷的知遇之恩以外,作者还倾吐了自己不能从命的苦衷,真情流露,委婉畅达。关于李密写此奏章的本意历来说法不一,有人认为李密是托故以避再度出仕,为蜀少主刘禅尽忠;也有人认为李密是情真意切地恳求晋武帝怜恤自己的处境,理解自己的一片孝心,为祖母刘氏养老送终。这些,我们不想去追问个究竟,只想搞清楚一个问题:李密究竟是靠什么打动了晋武帝,进而既免了因欺君之罪而被杀身,又实现了归养祖母刘氏的意愿的?说是李密对祖母的一片孝心,说是李密对晋武帝"尽节于陛下之日长,报养刘之日短也""臣生当陨首,死当结草"之类的忠言,当然也有道理,但笔者认为,最打动晋武帝的应该是李密入情入理、得体感人的语言表达艺术。下面,我们就从三个角度来加以评析。

一、直接先道苦水来博得同情

文章开篇既不谈晋武帝的仁明,也不叙君臣客套之语,更不急于解释自己为何不速速从命之缘由，而是劈头一句"臣以险衅，夙遭闵凶"，用程度很重的词语极言自己遭遇险恶、灾难，一下子就把晋武帝导入惨苦的境遇。接下来是专拣悲惨、痛苦的事来说，什么六个月就没了父亲，四岁时母亲就改了嫁；什么少时多病，九岁才会走路，孤苦伶仃一直到成年；什么没有叔伯和兄弟，家门不兴，很大岁数才有儿女；什么祖母刘氏常年卧病在床，自己一直在精心服侍，送汤喂药，不敢离开一步……总之，不幸之事一桩接一桩，倾诉至此，就足以催人泪下，顿生悲悯了。大家试想一下，小孩儿出世主要依靠父母抚养，竟然生下来仅六个月就没了父亲，此一大不幸。作者还故意不用第一人称"臣"，而是特意用令人心疼的第三人称"孩"，怎能不深深打动晋武帝的心呢？父亲死了，固然不幸，但若有慈母一道过着孤儿寡母的生活，那还只是比较艰苦而已，谁料想四岁时母亲竟改了嫁（据考证，舅夺母志当是作者避母丑的托词），此又一大不幸！没了父母，得到祖母的悲悯、抚养似乎还不算身陷绝境，但竟是"九岁不行"，让祖母格外操心费力，此三大不幸！尽管有三种大不幸，但如果家里人丁较多、外面亲戚不少，倒也让人有些许慰藉，可现在却竟是既没有为祖母、兄弟、妻子等穿孝服的亲眷，也没有为曾祖父母、伯叔祖父母穿孝服的家族，还没有为堂兄弟、为未出嫁的堂姊妹穿孝服的同姓，单枝独芽寡人一个，孤独、痛苦一直到成年，此四大不幸！然而，更大的不幸还是无情地降临了——那个格外操心费力扶养自己成人、一直与自己相依为命的祖母刘氏现又夙病在床，失去独立生活的能力！这样一来，祖母就只能依靠作者自己这独根弱苗了，而自己又怎忍离开处境如此悲惨的祖母刘氏去朝廷赴任呢？

　　读到这里，我们恍然悟得：与其说作者的不幸身世深深地打动了晋武帝，软化了他急切要求作者赴任的态度，还不如说作者的语言起了关键作用。我们不妨设想一下，假如作者不是开篇即着笔于自己的不幸身世，而是先奉承晋武帝如何以孝为先的仁明，叙君臣之间的恭维客套，而后再小心翼翼、吞吞吐吐地来谈自己的不幸身世，那必将会大大削弱首段语言的冲击力和感染力，尽管说了不少好话，也绝不会如此震撼晋武帝的心灵。再者，如果因惧怕皇帝而不敢开篇就急切痛诉自己的不幸身世，尤其是不敢于首段就采用那种排炮式的、冲击力很强的语言形式，一个"不幸"甚于一个"不幸"地向晋武帝痛诉，其打动人心的效果则更会大打折扣的。当然，这段叙事之笔，也为后文进一步吐露胸臆、恳求晋武帝开恩准允李密的请求做足了铺垫，这属题外话，此处不再赘言。

二、巧言奉承武帝来流露怨意

　　文章的第二、三段，作者意在倾诉怨情和苦衷，以进一步求得皇帝的理解与同情，但这一回作者却出言谨慎，不矜恭维奉承了。请看第二段，作者本可以向晋武帝直陈自己对朝廷催逼赴任的怨情和尴尬的，但作者却先奉承、恭维、客套了一番：

　　　　逮奉圣朝，沐浴清化。前太守臣逵，察臣孝廉；后刺史臣荣，举臣秀才。臣以供养无主，辞不赴命。诏书特下，拜臣郎中，寻蒙国恩，除臣洗马。猥以微贱，当侍东宫，非臣陨首所能上报。

其中,"奉""特""蒙""猥""微贱""陨首"等词更是极尽能事,适度而巧妙地表达了奉承恭维之意。作者为什么要如此精心地把这段话置于第二段的最前面呢?为什么不先直截了当、痛痛快快地说出自己的怨情呢?笔者认为,这里面有着作者"君尊臣卑有序""求情效果要好"之类因素的考虑。第三段,作者也本可直接地说出自己还是不想进朝赴任的想法,但作者又是先事奉承恭维:

伏惟圣朝,以孝治天下,凡在故老,犹蒙矜育,况臣孤苦,特为尤甚。

其中,"伏惟""圣""犹蒙""况""特""尤甚"等词无疑是更强化了这种奉承和恭维。说到这里,作者仍担心晋武帝会疑心,一个"且"字又引出一番心志表白:

且臣少仕伪朝,历职郎署,本图宦达,不矜名节。今臣亡国贱俘,至微至陋,猥蒙拔擢,宠命优渥,岂敢盘桓,有所希冀?

用意很明显,即进一步表明自己绝无怀恋旧朝、不侍新主之意,以进一步感化晋武帝,彻底打消他的疑虑。话再说回来,如果作者不作这样的奉承与恭维,不讲"少仕伪朝"的那段人生经历,而是开口便道：

> 但以刘日薄西山，气息奄奄，人命危浅，朝不虑夕。臣无祖母，无以至今日；祖母无臣，无以终余年。母、孙二人，更相为命，是以区区不能废远。

虽确为实情，也确令人心生恻隐，但很可能会终因"不太会说话"而大大削弱语言的感化力量。常言道，有话好好说。这恐怕该是一个绝佳的例子了。

三、最终陈述至理来转化武帝

行文至此，作者理应直接发出内心深处的意愿——"愿乞终养"了，而他还是没有直陈，而是又陈至理，尽表自己的忠心，"臣密今年四十有四，祖母刘今年九十有六，是臣尽节于陛下之日长，报养刘之日短也"，言明自己绝非不知报国恩，只顾徇私情，而是于情于理都只好做如此无奈的选择。不仅如此，李密还拉上"蜀之人士及二州牧伯""皇天后土"等来明鉴自己的良心，对皇帝极其忠爱、无比尊崇、十分殷勤的心情溢于言表。话说到这个份上，作者才直吐心声——"听臣微志，庶刘侥幸，保卒余年"，恳请皇帝开恩，并且还起誓发愿，"臣生当陨首，死当结草"。最后，又以一个降臣的口吻表达了自己格外的恭谨：人是"犬马"心是"怖惧"，而且还"不胜"。总之，作者所采用的语言完全是一个新朝君主所希望听到的前朝降臣之语，尊卑有序，入情入理，分寸有度，真切感人，令人怜悯。闻此言，晋武帝怎能不叹为观止，转化立场，予以怀柔，以维护自己"以孝治天下"的旗号呢？

　　写到这里，笔者认为，还必须得借题发挥几句。实话实说，李密的悲惨身世和现状确实非常值得同情，李密对晋武帝奏陈的，也的确都是发自内心的真情实感，但若换了一个"不太会说话"的人来写这篇奏章，恐怕是不大可能会达到目的的。如果说这篇文章里有君尊臣卑的礼序、有撼人心魄的真情、有臣子对国君的尊崇和忠心等"人文"方面的东西，如果说这些"人文"的东西还足以撼动人的心魄，那么这功劳只能归于作者"很会说话"，归于文章中那入情入理、尊卑有序、分寸有度、得体感人的语言艺术。可见，要教读好这篇文章，仅仅归纳些文言词汇，把课文翻译成现代汉语，作一些"融情于事""语言生动""言辞恳切"之类的"快餐式"赏析，甚或要求学生背诵全文等，都还是很不够的。总之，不仅要教学生理解和把握李密是怎样用好的语言打动晋武帝的，还要教学生明白李密非要这样讲话的缘由。一句话，课文教读就应该理直气壮地抓实抓好语言教学，让学生真正学通悟透，文言文教学也是一样。

周邦彦为何非要描摹得那么细腻?

——由周邦彦词《苏幕遮·燎沉香》的赏析谈起

先请看周邦彦的原词:

燎沉香,消溽暑。鸟雀呼晴,侵晓窥檐语。叶上初阳干宿雨,水面清圆,一一风荷举。

故乡遥,何日去?家住吴门,久作长安旅。五月渔郎相忆否?小楫轻舟,梦入芙蓉浦。

关于周邦彦词的写作艺术风格,宋人强焕的评价是"言情体悟,穷极工妙",清人王国维也称赞其词"摹写物态,曲尽其妙"。通俗点讲,就是周邦彦的词笔法细腻工妙,生动传神。这首词,就充分体现了周邦彦的这一艺术风格。像词中"鸟雀呼晴,侵晓窥檐语。叶上初阳干宿雨,水面清圆,一一风荷举"等词句,尤为突出地体现了周词的这一艺术风格。

于是,前人的"成说"也就成了我们一些教师教读这首词的定律。目前,在课堂教读中,比较普遍的做法是:老师"胸有成竹"地让学生仔细品读原词,而后让学生去"发现"哪些语句很细腻、很生动,哪些字又用得很凝练、很传神等。果然,在老师的引导下,学生很快就找到了"侵晓窥檐语""叶上初阳干宿雨""水面清圆,一一风荷举"等语句,又找到了"窥""举"等字(笔者绝无否定这样教读之意)。接着,老师和学生开始赏析:

你看,天刚刚放亮,麻雀们就起来了,站在屋檐上探头探脑地往檐下的屋里看。你再看,初升的太阳照在一一挺立的荷叶上,荷叶上反映出旭日的光彩,进一步把"晴"字形象化、具体化了。"宿雨"的被蒸发、被晒干,不仅在点染"晴"字,同时还扣紧"溽暑"这一季节特点。这句很像特写镜头,连荷叶上的雨滴以及雨滴被"干"掉,在圆润清正的荷叶上留下点点滴痕都被摄进了画面,如此形象逼真!接着,词人把镜头远远拉开、推高,然后居高临下,俯视整个荷塘,又摄下那铺满水面的圆圆荷叶。继之,又把镜头拉下,变换视角,进行水平拍摄,镜头在水面上缓缓推进:那一株株亭亭玉立的荷叶,仿佛由什么人高高擎起,在晨风中摇曳生姿,在镜头面前纷纷后退。这三句,从不同的角度、不同的侧面,运用不同的镜头摄下了荷花栩栩如生的形象。下片写词人对故乡的怀念。前四句是思归,由实转虚,从面前的荷花想到遥远的故乡,引出深沉的乡愁。"家住吴门,久作长安旅"两句承前,把空间的想象落实在"吴门"和"长安"这两个地点上,但仍用荷花来牵连两地。"五月"三句写梦游,"五月"二字一头挽住过去,一头接通现在和作者的梦境。

"小楫轻舟，梦入芙蓉浦"，终于把时间与空间的距离缩短，使作者思归之心在梦境中得到片刻的满足。总之，作者善于把荷花的形象以及与之有关的情事集中起来，从不同的侧面、不同的角度加以烘托，于是，作者的思乡之情和美感便层次清晰地展现在读者面前，使读者有身临其境的感受。

笔者也不反对这样的赏析。只是，很多教师都以为，这样讲析就足以使学生深刻领悟本词的写作艺术特点了，或者说，只要教学生感受和理解了这首词的艺术特色就万事大吉了。其实，本词的教读还远不该到此就结束，因为，这样的赏析还远不能使学生深入词人的生活和内心世界，用生命和心灵去体验和感受，进而真正读懂词人和词的艺术，彻底读懂他非要描摹得如此细腻的缘由。为了更为深入地探讨这个问题，我们不妨再接着问几句：词人为什么非要这么细腻地描写眼前景呢？准确点回答，这样细腻的笔触，该是词人思乡心切、孤寂无聊之情的婉转流露。试想，词人为什么要起得那么早？是不是一夜都没睡好觉？他又为什么要如此细致、敏感地观察麻雀窥探屋檐的动作和眼神？又为什么要紧盯着荷叶上昨夜落下的雨珠看个没完没了？甚至连雨珠已被晒干留下的点点滴痕，他都看得一清二楚。因为，此时的词人久居异乡，思乡心切，孤寂无聊。这种心理下，再加之溽暑难挨，词人很可能彻夜难眠，辗转反侧地睡不着，所以早早就起来看屋檐下喧闹的鸟雀。他空虚无聊，无所事事，几乎抓只蚂蚁都摆弄半天，甚至都想要分辨出公母来。于是，词人又折腾到户外，痴痴地呆望着初阳下、池塘里一支支挺立的荷叶，眼盯着那昨夜的雨珠一点点地被蒸发掉。可见，词人空虚怅惘的时间之长，无聊的观察之细腻入微，真可谓到了极点！一句话，作者这样细腻入微地描写眼前景，其实就是在描摹自己当时的心态。这种用细腻的描写来折射作者心理的写法，在一些文学作品中还是比较常见的。例如：

> 这个城市不属于你，除了所有的服务都要你付钱外，这里的一切声响都弃你而去，奔赴它们既定的目的，与你没有什么关系。你拿起电话不知道要打向哪里，你拿着门钥匙不知道出门后要去向何方……你对吊灯作第六或六十次研究，这时候你就可以知道，你差不多开始发疯了。
>
> （韩少功《我心归去》）

这几句话中，"拿起电话不知道要打向哪里""拿着门钥匙不知道出门后要去向何方""你对吊灯作第六或六十次研究"等细节描写，就恰是作者身居国外，思念家乡，极度空虚、无聊烦躁的内心写照。总之，词人在这样描写的时候，绝没有预先想到自己的写法该属于什么写法、什么特色，只是由着自己的性情挥笔描摹、尽情抒发而已，只是为了用这样的语言来恰到好处地传达出自己的内心感受。所以，在教读这类古典诗词（包括其他文学类课文）时，教师绝不能只满足于照搬成说，给学生讲授这首词的写作特色之类。就是要理解和掌握写作特色之类，也必须引导学生深入作者心灵和作品的情境等来深刻地感悟，而不是简单地让学生找些词句就开始"胸有成竹"、浅表地赏析一通所谓的特色（其实大多只不过是在背诵前人的"成说"而已！）。

鉴于这样的认识，笔者认为，教读古典诗词，教师不能只满足于解析内容、引导学生"发现"什么特色之类，更重要的是要引导学生深入作者生活和内心，深入课文的内容和情境等，多问几个"为什么"，真正吃透"特色"是怎样为内容和情感服务的。现在，市面上"鉴赏辞典"之类的书籍很多，教学参考书上的"成说"也不少。所以，简单地照搬、"胸有成竹"、解说式地赏析这一教学现象还比较普遍，这是很令人担忧的。试想，赏析结论不是学生主动、自觉地品读出来的，更不是学生用生命和心灵深刻体验、感悟出来的，这还能算得上真正意义上、用生命和心灵与作者对话吗（其他文学类课文教读也存在着类似的问题，这里不再展开谈）？这又怎么能谈得上在培养学生自主独立的精神品格、人文情怀和创造品质呢？现在，我们都很愿意提及"高效语文课堂"这个概念，岂不知真正意义上的高效语文课堂，远非单位时间内塞给学生东西多（说得好听一些，就是单位时间内学生理解、掌握的东西多），而是单位时间内学生真正用生命和心灵体验、感悟的东西多，在生命和心灵的深处理解、升华、创造的东西多。

就周邦彦这首词的教读而言，要想获得教读的高效和高质，就必须彻底破除那些大家都习以为常的照搬式、印证式、解说式等浅层次的常规赏析方法，代之以引导学生用生命和心灵与作者的生命和心灵深度对接，真正使学生在生命与灵魂深处对词人的境遇、情感产生强烈的共鸣甚至共振。只有这样教读，学生才有可能真正用生命和心灵读懂这首词，读懂周邦彦细腻描摹的真正原因和意图，才不至于仅仅停留在内容和写法的解析层面上却自以为"得之"矣。

　　教师要教文立人，学生要学文立人，但如果大家都不肯深入人的生命和灵魂，都不肯真正让这生命和灵魂站立起来，这"文"肯定是教不好也学不好的，这"人"也就更不好立起来了。

最是那一只玄幻的孤鹤

请看苏东坡《后赤壁赋》的最后一段:

须臾客去,予亦就睡。梦一道士,羽衣蹁跹,过临皋之下,揖予而言曰:"赤壁之游乐乎?"问其姓名,俯而不答。"呜呼噫嘻!我知之矣,畴昔之夜,飞鸣而过我者,非子也耶?"道士顾笑,予亦惊悟。开户视之,不见其处。

说实话,本文这个结尾确实很玄幻和怪诞。前文都是实写,写客、歌、风、月、乐、酒、肴等,然至文尾处却忽而"孤鹤",忽而"道士"。当下的一些教师,讲读到这里时,往往是既不引导学生探究这段文字背后的深意,也不追问作者这样结尾的缘由,仅仅是把一些诸如"隐晦地表达了作者想要超脱现实却又无法摆脱的矛盾心理"之类的成说生硬地塞给学生,之后便不了了之。当然,要想真的比较准确地解读作者何以这样结尾的缘由,确实并非易事。不了解"鹤"与"道士"的传统文化含义,不走进作者生活和心灵的世界,恐怕真的就很难品出个中真味。

首先，我们要回归中国传统文化生活，了解鹤的传统文化含义。鹤在中国的文化中占据着很重要的地位，它跟仙道和人的精神品格有密切的关系。道教就认为，鹤是长寿的象征，因此有仙鹤的说法，而且道教的先人大都是以仙鹤或者神鹿为坐骑。丹顶鹤更是性情高雅，形态美丽，素以喙、颈、腿"三长"著称，直立时可达一米多高，看起来仙风道骨，被称为"一品鸟"，地位仅次于凤凰。凤凰是皇后的象征，仙鹤则有官居一品的寓意。鹤的习性是雌雄相随，步行规矩，情笃而不淫，翩翩然有君子之风。古人还多用鹤来比喻有高尚品德的贤能之士，把洁身自爱、声名远播的人称为"鹤鸣之士"。鹤立鸡群，即一只鹤站在鸡群中，比喻一个人的才能或仪表在一群人中很突出。可见，《后赤壁赋》中横江东来的这只孤鹤，肯定会是一只性情高雅、仪表出众的仙鹤，该是一位洁身自爱、才能超群、美名远播的贤士的化身。所以，文中的孤鹤形象更能够令人感悟超然物外、独立自由的人生哲理。可见，苏轼笔下那只适时飞过的孤鹤，不仅隐喻了他那种追慕高贵幽雅、超凡脱俗、自由自在的心境，更隐喻了他那种无法超越现实的痛苦心境。此前（1078年），东坡先生曾写作《放鹤亭记》，文中把鹤描写得随心所欲、自由自在、无拘无束。很明显，东坡先生明状鹤飞，实则是在暗喻隐士之乐。这里的鹤都成了清远闲放、隐逸自乐的贤人和君子。写鹤亦是在写人。借鹤的"清远闲放，超然于尘埃之外"表现贤人君子的超尘出世之姿。

接下来，再了解一下道士。道士之名源于战国、秦汉时的方士，即有方术之士。道教创立之后，道士则专指从道修行的道教神职教徒。隋唐前后道士，习惯上男称道士、黄冠，女称女冠、女真。

南北朝时期奉道之士增多，对在家修持的人，称为"火居道士"，以区别出家道士。在道教典籍中，男道士也称为乾道，女道士则相应地称为坤道。黄冠专指男道士时，女道士则称为女冠。道士之间互称道友、道兄等，对女道士也同样适用，居士、信士亦可以如此称呼他们。《太霄琅书经》云：

> 人行大道，号曰道士。士者何？理也，事也。身心顺理，唯道是从，从道为事，故曰道士。

这就是说，道士之所以被称名为"道士"，是因为他们的行住坐卧，举念运心，即生活中的一切思想言行，唯道是修，唯德是务，唯行道业，亦即将信"道"、修"道"、行"道"作为人生的终极目标。很显然，此处这个"道士"也应该是苏轼想超脱现实、解脱自己的一种理想寄托。

其次，要走进作者的生活及内心世界，感悟作者的精神寄托。在苏轼最感孤独时，忽然有一东来的孤鹤振翅横江而掠过小舟西去。这只在暗夜独飞、独鸣的孤鹤，正可以慰藉孤独、抑郁、苦闷、彷徨中的东坡的心。此时的东坡，竟不与客交一言，足见他对这只孤鹤极为在意。之后，一道士前来入梦，"羽衣蹁跹，过临皋之下，揖予而言曰：'赤壁之游乐乎？'"东坡顿悟，"畴昔之夜，飞鸣而过我者，非子也耶"，这表明了东坡在这只孤鹤身上寄予了怀念故友之情，并暗示他精神上也已归向了高蹈于世外的隐逸者，就像那位道士一样。请看，东坡询问，那羽衣蹁跹的道士却不肯回答，只是顾首而笑。"开户视之，不见其处"，意思是既消逝了孤鹤,也没有了道士。一笔双关,余味深长。表面上是在讲孤鹤梦中的道士都不见了,更深的隐意则表达了东坡先生对自己的前途、理想、追求、抱负感到特别渺茫,而超脱现实、解脱自己,真正获得自由又无望的矛盾心情。文章写到这里戛然而止,一切都留给了读者——实际上也不能表白。可见,作者仍处于一片茫然之中,他迷惘、彷徨、苦痛,根本就找不到属于自己的自由人生之路。

我们之所以这样解读,这与东坡当时生活环境以及抑郁、痛苦的心境是不可分的。"乌台诗案"之前,苏轼官居湖州太守(正四品官),深得人心,官场得意;而"乌台诗案"之后,却因"以诗讪政"险些丢了性命,最终被贬为湖北黄州团练副使(相当于八品官),而且还被监视着过活。这样宦海浮沉,苏轼心里怎能平静呢?对仕途,对人生,他焉能不倍加感慨呢?所以,当他深秋再游赤壁,看到与七月游赤壁时迥然不同的景象时,这萧肃、凄清使他顿悟大起大落的仕宦人生,不由得感慨"曾日月之几何,而江山不可复识矣"。意思就是,时光短暂,而我的仕途竟也变化如此巨大!今昔对照,简直就是天壤之别。此时此境,江面上竟又突起秋风,"戛然长鸣",转瞬间"山鸣谷应""草木震动""风起水涌",这一切无疑又极力渲染了东坡内心的抑郁、悲苦与无限感慨!于是,他"反而登舟,放乎中流",听任所乘的小舟随流飘荡,停留在哪里就算哪里。不妨想一想,东坡先生的内心深处,此时肯定也是"风起水涌"、波澜起伏,正进行着激烈的思想斗争。想想未来,自己的人生之路究竟该怎么走?是继续"奋力有当世事","致君尧舜",还是疏离官场,超脱现实,皈依道门,解脱自己呢?东坡先生很难理出个头绪来。这时,一只孤鹤,"横江东来,翅如车轮,玄裳缟衣,戛然长鸣",掠过小船向西翩然飞去。东坡先生也就只能借此把文章做下去了。曾经的"以诗讪政"和"乌台诗案"险些使他掉了脑袋,付出了沉痛的人生代价。此时此境,他也就只好如此隐晦地道出自己这种矛盾、茫然的心境了。

　　语文课堂教学最关键的一环,就是对文本主旨内涵的准确解读。没有这样的解读,就不可能使我们真正感受和悟得课文这样写而不那样写的奥妙,也不可能使学生真正逐渐学好语言表达艺术。而要准确解读课文的主旨内涵,就必须走生活化之路,即深入作者生活、课文生活,同时充分调动师生的生活积累和文化积淀,《后赤壁赋》这篇散文的教学,就需要我们在这些方面多下功夫。

那块"仆碑",该别有一番真滋味

王安石的游记散文《游褒禅山记》的首段有这么几句话:

距洞百余步,有碑仆道,其文漫灭,独其为文犹可识,曰"花山"。今言"华"如"华实"之"华"者,盖音谬也。

第四段又照应了几句:

余于仆碑,又以悲夫古书之不存,后世之谬其传而莫能名者,何可胜道也哉!此所以学者不可以不深思而慎取之也。

对课文这两段要表达的意思,现在人们普遍认为有两层:第一,由"仆碑"才得以考证出"华山"应是"花山",并由此想起因古书散失,后世人以讹传讹,使得"华山"的真名"花山"无法弄清楚。再由个别到一般,从"华山"的"音谬"概括出社会上辗转讹误、相沿失实的现象很普遍。第二,针对这一普遍现象,作者提出读书求学的人对这类现象应该持有深入分析与慎重接受的态度。由此总结出凡事都须"深思而慎取",采取认真不苟、实事求是的科学态度。

这第一层意思,笔者表示赞同;这第二层意思,则不能完全赞同。笔者认为,这第二层意思虽然表面上说得过去,却没有揭示出作者内心深处的本意。何出此言呢?

首先,这第二层意思与这篇游记所表达的核心思想几乎没有关联。据考证,这篇游记写于1054年。当时王安石已从舒州通判任上辞职,在回家的路上游览了褒禅山。三个月后,他以追忆形式写下了这篇游记。文中写道,当走进褒禅山后洞还不到深度的十分之一,作者就跟随"怠而欲出者"慌乱地退出来了。由此作者写了这样一段感悟:

夫夷以近,则游者众;险以远,则至者少。而世之奇伟、瑰怪、非常之观,常在于险远,而人之所罕至焉,故非有志者不能至也。有志矣,不随以止也,然力不足者,亦不能至也。有志与力,而又不随以怠,至于幽暗昏惑而无物以相之,亦不能至也。然力足以至焉,于人为可讥,而在己为有悔;尽吾志也而不能至者,可以无悔矣,其孰能讥之乎?此余之所得也。

谁都知道,作家都是想表达自己的所见所闻和所思所悟才动笔写作的,王安石也不例外。那么,王安石的所思所悟是什么呢?显然就该是上面那段话的意思。其核心意旨就是"尽吾志也而不能至者,可以无悔矣"。这句话既可以视为一般的人生道理,也可以看作是王安石自己的个性感悟。实际上,这句话还表达了王安石誓要变革现实,纵是失败也无畏无悔的一种心志。为什么这样讲呢?因为青年时的王安石就有志于改变北宋"积贫积弱"的局面,主张变法,推行富国强兵政策,以"有补于世",但他又深知变法会遭到很多贵族士大夫的反对,阻力会相当大。尽管如此,他还是要坚持自己的志向,即一旦实施变法就坚决进行到底。事实上,也就在写作此文的四年后(1058年),王安石果然给宋仁宗上了万言书,主张改革政治(十二年后,也就是1070年被罢相)。他不顾保守派反对,积极推行新法。为此,他曾提出"天变不足畏,祖宗不足法,人言不足恤"的观点。可见,第三段中"尽吾志也而不能至者,可以无悔矣"一句,正是这种心志的直接吐露。言下之意就是:事业要成功,"志""力""物"缺一不可,但当"物"与"力"都不可强求时,那就只有"尽吾志"了。但是,若"尽吾志"还不能达到目的,也就"可以无悔"了。然而,令人不解的是,针对那块"仆碑",所谓"读书求学的人对这类现象应该持有深入分析与慎重接受的态度""凡事都须'深思而慎取',采取认真不苟、实事求是的科学态度"之类的意思,几乎与作者的这种心志毫无关联。那么,作者为什么在第四段还要提到那块"仆碑"呢?难道仅仅为了首尾呼应,发一通与自己的深刻感悟几无关联的感慨吗?"唐宋八大家"之一的王安石,是不可能出现这样的败笔的。

其次,王安石之所以提及那块"仆碑",是有其不好明言的深意的。那就是希望变法之后人们都能够正确理解他的心志,不要让一些不当的评价流传下去,把自己搞得就像那块"仆碑"似的,形象模糊甚至面目全非,不能真实地传给后人。也就是说,作者前后呼应地写这块"仆碑",并郑重告诫"学者不可以不深思而慎取之也",这都是精心安排的,都是有其深意的。

中国向来就有"成者王侯,败者寇"的说法。王安石一直主张变法,但变法毕竟意味着挑战保守势力,挑战既得利益的权贵阶层,很难说就一定能成功(事实上,王安石后来的变法确实以失败告终)。一旦将来的变法失败了,自己能否得到一个客观公正的评价呢?是否就会像那块"仆碑"一样,被历史永远地"漫灭其文"呢?被人们永远以讹传讹地"谬其传"呢?这一切的一切,王安石是不能不深忧的。事实证明,王安石的这种担心不是没有道理。后来,变法失败后,不是就有仇视他的人诬蔑他是"奸人"吗?他也确实成了后世毁誉交织、争论最多、分歧最大、盖棺却难定论的人物。可见,课文第一段和第四段对"仆碑"的描写和感慨,绝不是与作者的"尽吾志也而不能至者,可以无悔矣"没什么关系,而是关系重大。

最后,笔者再强调几句:作者之所以没有花更多的笔墨来写"仆碑",来发表议论,那是为了突出自己无畏无悔地把改革进行到底的决心;作者又必须得写"仆碑"并发表议论,那是为了更隐蔽、巧妙地表达自己的深忧。这"决心"与"深忧"该是相辅相成的,绝不像现在的主流说法那样,两者根本不搭界。"后世之谬其传而莫能名者,何可胜道也哉!此所以学者不可以不深思而慎取之也",字面上是因"仆碑"生发的感慨,文字的背后却是作者对自己未来命运的深忧。那块"仆碑",该别有一番真滋味。可见,与作者生活、课文生活相融通的生活化教读该有多么重要。

"天姥山"为啥会那么高大?

据测量资料,位于今浙江新昌东面的天姥山,海拔只有818米。它附近的天台山主峰海拔1098米。五岳中的泰山主峰海拔1545米。《梦游天姥吟留别》的作者李白真的不了解这些情况(具体数字可能不知道)吗?显然不太可能。那么,在《梦游天姥吟留别》这首诗中,诗人笔下的"天姥山"为什么竟会那样无比高大呢?这个问题十分重要。如果不能够很合乎情理地加以解决,那么所有认为这首诗表达了李白独立人格与精神的观点,都将是牵强生硬和苍白无力的。理由至少有以下三点。

一、当时的天姥山是一座道教文化名山

这样讲,我们还得从天姥山何以得名说起。据史料证明,神话传说中的王母就叫"天姥",或叫西王母、王母娘娘。她是中国古代神话中的女神。《后吴录》载:"剡县有天姥山,传云登者闻天姥歌谣之声。"这里所说的剡县,就是今天的浙江省新昌县,天姥山也就是李白笔下的那座直至今天也未更名的天姥山。到了三千多年前的周朝,这个古国女王的尊号被人们塑造成是治理昆

仑天山的神仙。到了西汉,这位西王母被描绘成了容貌绝世的女神,道教徒都称她为王母娘娘。到了东汉,佛教从西域传来中国,强烈地冲击着道教。道教只得寻找载体,改造自身,充实和提高,以巩固自己的势力。于是,西王母的传说逐渐从西方昆仑山传播到了我国的东方沿海一带,并且成了掌管神仙户籍的神仙领袖之一。我国东汉时期伟大的天文学家张衡写了一首《同声歌》,歌词称西王母为"天老",著名的训诂学家朱起凤说,"天老"就是"天姥","老"与"姥"通用。三百年后,谢灵运在作《登临海峤》诗中写道:"暝投剡中宿,明登天姥岑。"那意思就是说,他从当时的始宁别墅出发,夜宿今新昌县城,次日攀登天姥岑。谢灵运这次所登的天姥岑,也就是后来的天姥山。这就是天姥山名称的来历。

汉代起,开始有了西王母匹配东王宫的传说。到了谢灵运的时候,这个传说更是大为盛行,天姥岑竟成了西王母与玉帝相会的地方。为此,天姥山也就成了古代文人十分向往的地方。对这座道教文化名山,李白是很熟悉的,也特别向往,年轻时就"辞亲远游",并在《秋下荆门》诗里写道:"此行不为鲈鱼脍,自爱名山入剡中。"这里的"名山",当就指天姥山,剡中就是今天的新昌县。杜甫二十岁入台、越,在天姥山一带行游忘归达四年之久。白居易十三岁到十七岁避乱在越州,称赞天姥、沃洲为"东南眉目"。此外,初唐"四杰"中的王勃、卢照邻、骆宾王、中唐"三俊"中的元稹、李德裕,晚唐著名的"三罗"——罗隐、罗邺、罗虬等数百位诗人也曾鱼贯而至。据统计,《全唐诗》中关于"天姥""王母"的诗为148首。这些数据,还存在着许多变数。可见,天姥山是一座当时令群贤倾倒的文化名山。这真个是,哪位文化人若没有到过天姥山,他也就算不上一个真正的文化人了。(参阅薛天纬《天姥山的文化高度》)

二、李白是一个虔诚的道教徒

据史料,李白从青年时代起就特别信仰道教神仙思想。他自幼好学,胸怀大志,喜欢击剑,倾慕侠士生活,又喜爱游览名山大川。他二十五岁出川,曾作《大鹏遇稀有鸟赋》,后改为《大鹏赋》。序云:"余昔于江陵见天台司马子微(承祯字),谓余有仙风道骨,可与神游八极之表。因著《大鹏遇稀有鸟赋》以自广。"后来,李白倾心道教,虔诚修道。他在《游泰山》六首诗中说,他每日斋戒,铺陈绢制书写道经;又在《下途归石门旧居》中说,他做梦都想着羽化成仙:"余尝学道冥筌,梦中往往游仙山。"他还以炼丹服食来求达到成仙的目的,他在《古风》(其七)中写道:"愿餐金光草,寿与天齐倾。"他在诗中多次提到炼丹,"尚恐丹液迟,志愿不及申"。至流放夜郎途中,还回忆秋浦旧游,还想到秋浦是个炼丹的好地方,"三载夜郎还,于兹炼金骨"。他甚至把全家都动员起来炼金骨:"拙妻好乘鸾,娇女爱飞鹤。提携访神仙,从此炼金骨。"受《庄子》寓言的想象和神仙观念的影响,李白曾经用诗的语言塑造了一个巨大的"大人先生"式的自我形象:"倚剑天外,挂弓扶桑,浮四海,横八荒,出宇宙之寥廓,登云天之渺茫"(《代寿山答孟少府移文书》)。等到功成名就之后,他仍将弃世游仙,修成正果。我们甚至完全可以这样讲,正是道教的神仙思想、境界和意象等,助力李白获得了自由的思想、奔放的情感和丰富的想象，进而创作出了瑰丽神奇、充满浪漫主义色彩的壮丽诗篇，成为唐代最伟大的浪漫主义诗人。

三、天姥山是诗人李白的精神和人格的隐喻

"天姥山"是一座道教文化名山。李白又是一位虔诚的道教徒，骨子里充满了神仙思想、自由精神。所以，天姥山这座道教文化名山在李白心中至高无比，也就再正常不过了。也正是由于"天姥山"在李白心里的文化地位至高无比，所以当他被"赐金放还"，政治失意、仕途遭遇挫折时，自然就想到了心中的这座"第一文化高山"，并借写梦游天姥山而来表现自己寻仙访道、逃避现实的处世态度，抒发不屈服于人生坎坷，蔑视、鄙弃权贵，不肯向他们妥协、不肯与之同流合污的思想情感。换句话讲，李白就是想借梦游这座道教名山来疗治心灵创伤，寻找精神慰藉的。这样一来，天姥山自然也就成了他向往神仙，寻仙问道，蔑视、鄙弃权贵，不肯与之同流合污的精神和人格的象征——只能是无比高大。所以说，李白极度超现实地把天姥山描写得无比高峻、奇幻，这也就一点儿都不奇怪了。这是一种文化、精神和人格的高度。

此外，诗中所写到的谢灵运，出身名门，兼负才华，但仕途坎坷，人生不得意。为了摆脱自己的政治烦恼，常常放浪山水，探奇览胜，也曾登览过天姥山。谢灵运的诗就充溢着道法自然的精神，贯穿着一种清新自然、恬静幽远之韵味。李白、杜甫、王维、孟浩然、韦应物、柳宗元等大家，都曾取法于他。显然，这也应该视为李白特别喜爱、向往天姥山，并认为它无比高大的一个原因。这里就不再赘述了。

有人可能会认为，诗仙李白生性浪漫，写诗总喜欢超现实、大胆夸张，如"白发三千丈""飞流直下三千尺"等，李白写这首诗也不过就是在超现实的夸张而已。笔者不能苟同这一观点，就是"白发三千丈""飞流直下三千尺"这两句夸张，也绝不是故意夸张地写"白发"和"飞流"如何长，实则是在极写诗人的"愁苦"之多和"惊叹"之巨。同样的道理，诗人极写"天姥山"之高，也绝不是为浪漫而浪漫，为夸张而夸张，而应该是有其特殊理由和情感寄托的。

目前，对《梦游天姥吟留别》这首诗的赏析（包括参考书）大多仍是这样的：诗的开头几句是写入梦的缘由。诗人联想奇特，夸张大胆，用比较和衬托的手法，极力描写天姥山的高峻、奇幻。诗人先用天姥山跟天相比，只见那山横在半天上，仿佛跟天连结在一起；再拿天姥山跟其他山相比，既超过了以高峻出名的五岳，又盖过了它附近的赤城。接着，又换个角度来写，说位于天姥山东南的天台山非常高，但在天姥山面前，也矮小得简直像要坍倒了。这样一对比，那高峻挺拔、在云霞里时隐时现的天姥山，就仿佛巍然屹立在人们眼前了，激起了人们的幻想遐思，于是就跟着诗人朝着那奇幻的境界飞去了。言下之意，就是因为天姥山高峻、奇幻，李白才特别向往，并去梦游的。这样的赏析，终有一种"译文加点评"之嫌——至多是一种内容解析而已。至于"天姥山在李白的心里为啥会那么高大？"这个问题，仅仅靠这种字面义的解析是根本无法得到解决的，因为这样的解析没有做到知人论文，更没有发掘出这首诗背后的文化与精神，终归是浅薄、苍白、没有说服力的。

总之，在李白的笔下，天姥山之所以非要那么高大，这既应该是李白心里赋予它的文化、情感和人格高度，也应该是李白疗治心灵创伤、自我慰藉地表达自由独立之人格与精神的需要。多年来，这首诗的教学一直沿袭"因其高峻、奇幻所以李白才想梦游之"这一浅表、狭窄、简单的因果说，而没有回归作者生活，去深究其深层的真正理由，这是特别令人遗憾的。其实，要想把"天姥山"为啥那么高大的真正理由搞清楚，也并不是很难，只要我们肯真正走进作者的生活现实和心灵世界，不人云亦云地去照本宣科，就有可能探出一个究竟来。这不仅是这首古诗的教学是否有深度的问题，更是教师要教学生深刻领悟作者这样写的缘由，悟得语言表达艺术真谛的大问题。

诗味。比如，欧阳修《蝶恋花》中就有两句："泪眼问花花不语，乱红飞过秋千去。"自然状态下的花草，是无论如何也不会说话的。凋谢的花瓣自然地飘落，它们又会去理睬谁的心情呢？而在艺术的世界里，在词中"怨妇"的心灵深处，这"花"就是那么不解人意，这"乱红"就是那么不近人情。人家内心有无限的相思、怨恨，而这无心的花草却浑然不知，怎么问也不回应。于是，这极不合理的埋怨，却又显得极合情理，极有情趣和诗味。同理，鸿雁本不在树枝上过夜的，诗人偏说它"拣尽寒枝不肯栖"，由"本不这样"到"不肯这样"，这纯粹是词人的主观意愿。词人之所以如此这般痴心地想象，不正是为了以鸿雁自喻、托物言志吗？也正因为词人故意为之，这"孤鸿"才融入词人的情感、人格和精神，这样的词句才更有味道了。所以，鸿雁到底是否在树上过夜，我们是大可不必深究的。一深究，诗味就全都没有了。至于"语病"一说，自然也就更显得滑稽了。

三、这"寒枝"和"不肯栖"诗意不尽

请看，都已经"人初静"时分了，幽人（就是词人）还在凄冷的暗夜里独自徘徊。他为什么要孤独地徘徊这么久呢？因为"有恨无人省"。那么，他又在"恨"什么？因为官场黑暗，仕途坎坷，抱负不能施展……他怨愤，他幽恨，他无奈，他还得自慰！所以，他不肯栖息于寒冷的高枝上，宁愿孤居于冰冷的沙洲旁。这"寒枝"也就成了相互倾轧、尔虞我诈、令人心寒的官场的象征。这"寒"不仅有"高处不胜寒"的滋味，更有官场缺少真心、温情，令人心生寒意之味道。这"不肯栖"既传达出了词人对官场的怨恨与

批判，也显示了词人清高自守、矢志不移的崇高情操。

总之，这首词通篇以借物象征、物我合一取胜，含婉深沉，耐人深品。尤其是无理而生妙思、痴情而成真趣的写法更值得称道。《红楼梦》第四十八回"香菱学诗"一节，作者曹雪芹通过香菱谈她学诗的体会时说："据我看来，诗的好处，有口里说不出的意思，想去却是逼真的；又似乎无理的，想去竟是有理有情的。"可见，从诗词抒发不可解之情来说，有时是讲不得理的，是不受理性逻辑所制约的。请再看，"不堪盈手赠，还寝梦佳期"（张九龄《望月怀远》），"狂风吹我心，西挂咸阳树"（李白《金乡送韦八之西京》），"沉恨细思，不如桃杏，犹解嫁东风"（张先《一丛花令》），"明月不谙离恨苦，斜光到晓穿朱户"（晏殊《蝶恋花·槛菊愁烟兰泣露》），"白雪却嫌春色晚，故穿庭树作飞花"（韩愈《春雪》），"春风又绿江南岸，明月何时照我还"（王安石《泊船瓜洲》）等，无一不是很不讲客观道理，却都在艺术上收获了不尽的诗味。正如苏轼本人所云："诗以奇趣为宗，反常合道为趣。"这里的"反常"就是在内容上违反习惯上的常情、常理、常事，在艺术上超越常境；这里的"合道"，就是表面看来不合常规，不合理性逻辑，却合乎情感逻辑，读者不仅不觉得不合法度，反而感到新颖而有奇趣，不知不觉就被引入一个诗味隽永的艺术境界。这一点，在进行古诗词教学过程中，教师一定要引领学生深入品读、体验、感受和感悟，从而使学生真正地领会和掌握这种无理而生妙思、痴情而成真趣的写法，绝不可动辄用"物理式"思维去挑剔什么"反常"，纠缠什么"语病"。

五个"教会":生活化语文背景下的文言文教读策略

文言文是用古代文言写成的,其语言形式距现代白话文很远,教读起来向来都不轻松,现在则似乎越来越难了。然而,学生的现在及将来都要与历史和经典对话,都要传承和弘扬优秀传统文化,都要知古鉴今、处世为人,因此还必须得学好文言文,以打下一定的文言功底和传统文化的底子。不仅如此,学好文言文,打实文言功底,对提高一个人的语文素养和母语表达能力也是很有益的。为此,我认为,我们做语文教师还真得下些功夫把文言文教好。下面,我就结合自己的生活化语文教学实践谈几点体会和认识。

一、教学生会"摇头"

鲁迅先生的散文《从百草园到三味书屋》,曾描写学生摇头晃脑诵读古文的情景,并流露出嘲讽之意。其实,诵读古文还真就得摇头晃脑,否则就很难找到那种文言感觉,很难体会到文言语句的韵味。比如《隆中对》中的"孤之有孔明,犹鱼之有水也"

项伯肯定感到很幸运，于是，连夜就去告诉张良快逃命。因此，这几句的正确翻译应该是：

秦朝时，（项伯）与我一起游学，项伯曾经杀人，我（设法）让他活了下来。现在情况有了危急，所以他深感幸运地赶来告诉我张良。

再如，《廉颇蔺相如列传》中的三个句子：

（1）乃设九宾礼于廷，引赵使者蔺相如。
（2）左右或欲引相如去，秦王因曰……
（3）……望见廉颇，相如引车避匿。

每个句子中都有一个"引"字，分别解释为"请""拉""调转车头"。其实，教读课文时，教师根本没必要直接讲出这三个"引"的意思来，也无须让学生马上去翻查词典，而应该结合具体的语言环境启发、点拨学生去大胆地猜，而后再查阅工具书来印证。尤其是"调转车头"，在那种两人即将迎面相遇、又不想直接冲突的情形下，蔺相如究竟该怎么处理马车行走的方向呢？学生在教师的启发下，是一定能够猜读出这个"引"字有"调转车头"之义的。不仅一词多义现象可以这样教读，就是通假字现象也可以这样教读。文言通假现象，大多也是后人根据语境猜读出来的，否则就读不通了。如"人生如梦，一尊还酹江月"（苏轼《念奴娇》）中的"尊"，若不解释成"樽"就读不通了。教师要引导学生大胆、有趣地去猜读，而不是急着让学生看注释或直接讲给学生听，甚至逼着学生去一个个地死记。这样教读，能够最大限度地确保学生在教师的导引下灵魂站立着学习、猜想和探究，也确保了教文和立人有机相融。试想，如果教师引导学生长期这样做，不仅会牢牢砸实学生的文言基本功，更为可贵的是，学生自主做事的能力和健全独立的人格等也会自然而然地得到良好的发育。

三、教学生会"串钱"

教学生会"串钱"，是教学生会积累的形象说法，即要像古人串铜钱那样积累文言字词和知识。学会积累，对学生学好文言文而言，确实很重要。在生活化语文教学的实践中，就这个问题，我主要做了三点：

一是积累字词生活化。高考考纲要求学生积累并掌握120个文言实词和18个虚词。严格地讲，这个数量是不够的，无论是旨在应对高考还是旨在提高文言文阅读能力。

多年来，我一直坚持让学生高中三年积累600个文言词汇。具体的做法是，每讲一篇文言文（包括训练和考试的文本），就师生一起圈定十多个文言词汇（尽量避免重复），要求学生在词典上标好这些词汇，并重点画出疑难义项（一般情况下不容易想得到的），如"字"有"生育"之意，"特"有"三岁或四岁兽"之意，"顾"有"只是"之意，等等。不仅标画出来，还要用专门的本子把这些特殊意思记录下来并标序，平时经常翻阅、记忆，直至成为一种生活习惯。

二是积累文化常识生活化。我曾给学生编辑过一本小册子《走

生死记硬背，结果搞得学生叫苦不迭，十分无奈，厌学厌背。说实话，高中学生的机械记忆能力不如以前了，而且负担重、时间紧、压力大。所以，教师应该在强化他们的理解记忆上多下些功夫，教会他们"理丝"就是一条很好的途径。这不仅有益于学生高效记忆、终身记忆，更有益于他们认识到背诵的本质，提高语言思维能力。

五、教学生会"品嚼"

一篇经典文言文，往往是很讲究语言表达艺术和技巧的，同样正如一盘盘佳肴，很值得我们好好教学生去用心品嚼。师生须一道深入品嚼经典古诗文的遣词造句、布局谋篇和运招用技等方面的艺术，就像阅读欣赏现代散文和小说那样。如读《琵琶行》，可以品嚼"别有幽愁暗恨生""今夜闻君琵琶语"等诗句中的"幽"和"语"等词的真味；读《兵车行》，可以品嚼"牵衣顿足拦道哭""哭声直上干云霄"等诗句的真味。读《鸿门宴》可以品嚼司马迁的写人笔法——语言、动作、肖像、心理、细节描写无所不用，刻画出来的人物栩栩如生，声音犹响耳畔，形貌如临眼前；读《荆轲刺秦王》，可以品嚼"易水送别"高妙的烘托艺术——众人雪白的衣冠，高渐离击筑的"变徵之声"，"风萧萧兮易水寒，壮士一去兮不复还！"的慷慨羽声之悲歌，无不令人心生悲慨；读《触龙说赵太后》，可以品嚼触龙高超的说人艺术——巧妙类喻，由浅入深，措辞考究，用语得体，动之以情，晓之以理；等等。

总之，经典古诗文的写作艺术同样精彩纷呈，变幻不尽。教读时必须要引导学生深入课文和作者，用生命和灵魂去细品、多嚼、深味，进而真正使他们有所体验、感受、思辨和感悟，而绝不是仅仅停留在会解词和会翻译课文的层次上。语文教学的根本目标是教文立人。教文，就是教学生学好语文，掌握母语；立人，就是铸魂立人。文言文教学，也应该同样有着这样的根本目标。

胸开阔、心情愉快,光荣和屈辱一并忘了,端着酒杯,吹着微风,觉得喜气洋洋了。

这还有什么好谈的!只要将原文与译文做一番比较,就不难发现这译文对原文的戕害:原文那种节奏美、韵律美甚至景象美和情境美,这一翻译之后就几乎都荡然无存了。更不容忽视的是:这种费力不讨好的翻译,更对学生学好文言文的兴趣造成了极大的伤害——他们被剥夺了朗朗上口、摇头晃脑、陶醉其中的美美诵读这还不算,更是无法享受到诵读的自得与快乐了,也品尝不到经典文言美文的"真味"了。最要命的是,这一次次的残酷剥夺和伤害,直接导致学生厌烦、恐惧甚至放弃文言文学习了。

其实,教学生深入课文生活,回归生活情理,走进作者和作品主人公的心灵世界去读准字音和停顿,注意重音、音调和节奏,把握住诗文韵律,美美地进行诵读,这才是最重要的。只有长期有意识地这样启发、点拨学生美美地诵读,学生才有可能找到那种文言的真感觉,进而真心喜爱上文言文。也只有学生真喜爱文言文了,他们才可能逐渐养成自主诵读文言文的好习惯,进而凭自己的文言语感多读、多味、多悟,形成较强的文言文阅读、理解能力。我深刻认识到了这一点,所以也像英语教师设"英语角"那样设立"文言文诵读时空", 规定学生每天都要利用早读时间或课前时间摇头晃脑地美美地诵读文言文,每天都利用这段时间找感觉,充分享受诵读文言文的惬意。不管这段时间是在学习现代文还是文言文,都要坚持进行,直至把这种美美地诵读当日子来过。我的生活化教学实践证明:这样做,学生学习文言文的兴趣会一天天浓起来，信心会一天天强起来，成绩也会一天天好起来。现在，文言文教学几乎取消了反复诵读，代之以教师逐字逐句地串讲、翻译或做考练题。所谓的串讲，就是概念先行，总是一味地讲解什么"这是个判断句式，'也'表示判断""两个'之'字有取消句子独立性的作用"之类，把本来很有韵味的文言语句讲得干巴枯涩，令学生听而生厌，望而生畏。要切实扭转危局，我认为，首要的出路就是，回归文言文的本真，长期有意识地引导、启发、点拨学生去用心诵读。

二、教学生积极主动地大胆猜读

高中学生毕竟有一定的语言文字基本功了，就是初中生也不例外。况且，今天的现代汉语就是从古汉语演化而来的，再怎么变化，词汇的基本意思还是变化无多的，所以教师完全可以教学生结合具体语境猜读一些文言词义。也就是说，尽管是文言文，学生在整体阅读和感受的基础上，还是能够借助语境猜读出一些文言词的意思的，教师大可不必逐字逐句地串讲、翻译到底。比如"担中肉尽，止有剩骨"（蒲松龄《狼》）这句中，"担中肉尽"和"有剩骨"这都不难理解，那个"止"就应理解为"仅仅"之意，学生是完全可以结合这个语境猜读出这个意思来的。同理，"荆轲逐秦王，秦王还柱而走"（《荆轲刺秦王》）这句中的"还"字，前有学生人人都读得懂的"荆轲逐秦王"，后有学生也不难理解的"秦王……走"，只是"还柱"读不通了。那该怎么办呢？就只能换一种思路来猜读了。这时，教师不妨启发学生：同学们都看到过人民大会堂的大柱子吧？"走"在古时候表示"跑"，

如欧阳修《蝶恋花·庭院深深深几许》这首词上片开头三句写道:"庭院深深深几许,杨柳堆烟,帘幕无重数。"这"杨柳堆烟"中的"堆"字,完全可以改用"如",平仄也合乎,但词人偏偏用"堆"字。理由恐怕该有这样几个:一者"堆"字不仅描出了样态,更突出了既浓且密的立体感,以烘托幽深封闭、昏暗阴森的环境;二者暗示女主人公孤身独处、心事沉重,身心两方面都受到压抑与禁锢,就像心头堆积着重物一样,更无法化解开!可见,要想品透这个"堆"字的真滋味,恐怕是必须要走进女主人公的心灵世界的。再如李白《梦游天姥吟留别》一诗有这样几句:

> 熊咆龙吟殷岩泉,栗深林兮惊层巅。
> 云青青兮欲雨,水澹澹兮生烟。
> 列缺霹雳,丘峦崩摧。
> 洞天石扉,訇然中开。
> 青冥浩荡不见底,日月照耀金银台。
> 霓为衣兮风为马,云之君兮纷纷而来下。

其中,"列缺霹雳,……訇然中开"这四句,突然由前面比较舒缓的"熊咆龙吟殷岩泉……水澹澹兮生烟"变为节奏强劲、快速的四字一句,真的就仿佛霎时间电闪雷鸣,地裂天崩,一扇巨大的山门"訇然中开",一个神仙居住的洞天福地突然出现,令人惊骇不已。这"咚咚/咚咚,咚咚/咚咚……"的劲猛节奏与此景此境是特别合拍的,若改成"列缺霹雳兮丘峦崩,洞天石扉兮訇然开",诗境和意味就荡然无存了。不仅如此,这样的节奏也强烈地宣泄了诗人对现实的不满和愤慨,以及对自由的渴望与追求。可见,不深入诗人李白的创作背景和心灵世界,就不可能理解诗人突然变化诗句形式的真正意图,也就无法悟得诗人变换句式之妙了。此外,像谓语前置、宾语前置、定语后置、状语后置等一些变式句,也都不是作者随意为之的,也都是有其特殊的表意功能的,教学时也要引导学生融通"生活"地深度品析。后文还要间接提及,这里就不展开了。

其次,教学生融通"生活"地深度品析课文的布局谋篇。如《邹忌讽齐王纳谏》这篇记叙文虽然只有三百多字,却具有完整的故事情节。邹忌的两次窥镜,与妻、妾、客的三问三答,以及"暮寝而思"等情节,妙趣横生,富于生活气息,亲切有味。邹忌窥镜,与妻、与妾、与客的问答层层因果推进,并且构成了邹忌入朝见齐威王并与之对话的原因,而邹忌与之对话的内容又成了齐威王下令变革的原因。就这样故事大情节上也层层因果推进,而且详略适宜,合情合理。学生若深入课文这大小因果推进的情节,就很容易把握住文章的行文脉络,悟得作者布局谋篇的妙处,甚至很容易就把课文背诵下来。再如《归去来兮辞》这首诗,第一段起笔突兀,"归去来兮"的情感强烈迸发出来。接着捎带讲几句有这种强烈的意愿的缘由,即"既自以心为形役,奚惆怅而独悲?悟已往之不谏,知来者之可追。实迷途其未远,觉今是而昨非"。第二段,先写在船上急切想回家的情形,"……问征夫以前路,恨晨光之熹微";接着用"乃瞻衡宇……有酒盈樽"等八句写诗人急切地回到家的情形;再接下来用"引壶觞以自酌……

做好这件事，直至形成自觉，养成习惯，成为自己学习生活的一部分。

不仅教学生活积累文言字词，我还教学生活积累文言语法知识。古汉语中的词性变化、使动、意动等语法现象向来是文言文教学的"重灾区"，常常是教师教得疲惫不堪，而学生却还在那里昏昏然。对此，我不仅引导学生深入具体语境来活积累，还指导他们回归自己的学习生活和现实生活，去体验、感受一些语言现象来活积累。如"赏心悦目"中的"赏"和"悦"就分别有"使……舒畅"和"使……愉悦"之意；"草菅人命"中的"草菅"，就有"把……看作野草"之意；"不远千里"中的"远"就有"以……为远"之意等。特别是"这雪糕，冰死人了""张大妈看上去很青春嘛""这个人比郭德纲还郭德纲""我就猪你了，你咋地吧？""要严肃党纪国法"之类的现代口语，其中的词类活用现象更值得注意。这当中"冰死人"的"冰"是名词作动词且使动，有"使人冰死了"的意味；"很青春"中的"青春"是名词活用为形容词，有显得年轻且充满活力的意味；"还郭德纲"是名词活用为动词，有"是一个更幽默、风趣的人"之意味；"就猪你了"中的"猪"是名词动化，表意动，有"把……视为猪"之意味；"严肃党纪国法"中的"严肃"，是形容词作动词且使动，有"使党纪国法严肃"之意味。古人的语言习惯学生不甚清楚，今人的语言习惯他们总还是比较熟悉的，教师不妨以今喻古，引导学生回归生活去深入体验、感受、思考和理解。

不仅古汉语的词类活用知识可以教学生活积累，就是倒装句式和一些固定文言格式等知识也是可以教学生活积累的。像古汉语中的谓语前置、宾语前置、定语后置、状语后置以及"何……之有""岂……乎(哉)""得无……乎"之类等,也都是特定语境下的特殊表意需要所使然的。就说各种文言倒装句吧。其实,往往并不是为倒装而倒装的,都是有其特殊的表意功能的。如"美哉,我少年中国,与天不老!"(梁启超《少年中国说》)就是个主谓倒装的谓语前置句,翻译成现代汉语是"美丽啊,我的少年中国,将与天地长存不老!"之意。谓语不前置,就不可能很到位地表达作者激动的心情。如"宋何罪之有?"(墨子《公输》),意在强调宋国没有什么罪过,所以动词"有"的宾语"何罪"前置。实际上,在现实生活中,这样的疑问句随处可闻。如果仅仅死板讲解为"'疑问词+名词'作宾语时经常前置,'之'是重要标志之类"岂不是越教越死吗?再如"马之千里者,一食或尽粟一石……"(韩愈《马说》),数词定语后置,绝不是仅仅译成"(日行)千里的马,吃一顿有时能吃完一石粮食……"就万事大吉,这里分明是在强调骏马的出类拔萃,是在隐喻作者自己才华出众。"君子博学而日参省乎己。"(《荀子·劝学》)中"乎己"这个状语后置,则是为了突出"对自己严格要求"之意。事实上,文言语句的语法结构并不都是倒装的,只是为了强调或突出某种意味的时候作者才采用倒装句的。只有这样教与学,才有可能做到教师会教、教活和教实,学生也学活、学实、学会和会学。

就是看上去很死的古代文化常识,我也在课堂教学过程中适机、适度地教学生活积累。例如,我曾给学生编辑过一本小册子《走进古人的文化生活》,涉及古代官职、刑罚、祭祀、礼俗、历法等十多个方面。我指导学生:在学习亟需时随即查阅有关知识点,

都是往兽骨、竹简上刻字或写字，写（或刻）起来辛苦，所以肯定极力推崇言简意赅。古人讲"学富五车"，其实车拉的是竹简制成的书，实际上也不是太多的。可见，古人运用语言文字的最大特色就是语言精练，能用一个字绝不用两个字，可以省略的尽可能省略。当然，到了明清时期，虽然民间语言已经比较发达了，双音节的词也很丰富了，但由于社会上正统的文章仍要求写成文言文，而且文人们又追求写得越像那么回事越好。这样一来，文言文仍多用单音节词来写，仍有词类活用现象也就不足为奇了。像"公将鼓之""吾妻之美我者，私我也""斗折蛇行，明灭可见""一狼洞其中"之类，古文里比比皆是，从先秦到明清一直如此。"将鼓"就是"将要击鼓"，"美我"就是"以我为美"，"斗折蛇行"就是"像北斗那样曲折，像蛇那样弯曲前行"，"洞其中"就是"在其中打洞"。所以，学生要想理解和掌握古汉语的词类活用现象，首先与古人写文章运用词汇的实际生活相融通，从根本上考究并知晓古人特别讲究语言精练的总原则，进而从古今汉语演变和发展的高度来俯视这种文言现象。初中生尽管年龄都还不大，又初学文言文，但也是很需要的。这对他们从根本上来认识文言文的用词规律，开阔语言学习视野，激发学习兴趣，增强学好文言文的心理优势等都是很有好处的。

二、与课文的语言环境相融通

比如，孟子《鱼我所欲也》一文中"二者不可得兼"与"今为所识穷乏者得我而为之"的两句中的"得"，前者直接作动词，有"得到"之意；后者要转个弯，同"德"，再解释成名词动化，译为"感激"。再比如,蒲松龄《狼》一文中"止有剩骨"与"一狼得骨止"两句中的"止",前者作副词,有"仅仅"之意;后者直接作动词,有"停下来"之意。这些意思怎么得来的呢?说白了,都是读者结合课文具体的语言环境猜出来的。教学课文时,不必急于让学生先看课文注释,或先查阅工具书,以免自觉不自觉地剥夺了学生结合课文语境体验、感受、判断、猜想的机会;而是要把这机会都还给学生,让学生的自主体验、感受、判断、猜想等真正发生在课堂上,进而让学生充分体验到真学习的味道,享受到真成功的快乐。只有扎扎实实地这样教和学,才有可能真正使学生不断树立信心,产生兴趣,形成自觉,养成习惯,切实实现叶圣陶先生所期待的"教是为了达到不需要教"的高境界。具体做法是,教师需指导学生先"裸读"(不看任何注释)几遍课文,以进入课文的语境。事实上,就是初中生,读几遍之后,也是可以根据课文中已经出现且自己能够理解的文字来初步"读懂"课文的。这就叫作进入了课文语境。之后,教师再激发学生钻进语句的"骨缝"去体验、感受、思考、判断,进而大胆地去猜出某个比较陌生或很陌生的文言字词的意思。像"止有剩骨"中的这个"止"和"所识穷乏者得我"中的这个"得"的意思(其余两句中的那个"止"和"得",学生凭借自己的知识储备已经能够理解了),学生只要能够有机会这样去体验、感受、思考和判断,往往是可以猜得出"仅仅"和"感激"之意的——我的课堂教学经验已经充分证明了这一点。当然,学生倒不一定能够知道"止"和"得"是通假字——前者通"只",后者通"德"——而且是同音通假字(实际上这所谓的通假字也都是某些专家猜出来的），只是凭借体验、感受、思考和判断等能够猜出具体的意思而已。事实上，基础学段的学生，无论学习哪一篇文言文，教师都应该引导学生这样深入语境地去猜，之后，再让学生看注释或查字典，以通过对照、验证来鼓舞学生的信心并激发他们的兴趣。这个真体验、猜想、探究、对照、验证，直至收获成功的过程是不可逾越的，是必须要踏踏实实落地的。之后，我们才可以教学生去接触、理解一些概念，这叫作用生命去体验、理解和消化。这种活教活学才有可能在学生的心灵里真生根，才是最有实效的，也才有可能激发、培育起学生学习文言文的兴趣，才能让学生自觉、主动地学习文言文。

三、与学生的生活积淀相融通

初中生一般都十四岁左右了，而且网络信息又特别发达，所以一般都有较厚实的生活积淀。在这些积淀里面，有一种积累不容忽视，那就是成语的积累，这对学生学习和掌握文言词类活用现象是很有益的。这一点，作为语文教师应该是都很清楚的，尤其是要在具体的教学实践中充分加以利用，以引导学生活学并掌握文言文词类活用的现象。作为一名初中生，对下面这样一些成语还是不陌生的：

华而不实（华：开花，实：结实。名词作动词）

劳民伤财（劳：使民劳，伤：使财伤。不及物动词使动）

取长补短（长：人家的长处，短：自己的短处。形容词作名词）

不远千里（远：以……为远。形容词意动）

星罗棋布（星：像星星，棋：像棋子。名词作状语）

祸国殃民（祸：使国受害，殃：使民遭殃。名词动化，作使动词）

避重就轻（重：严重的问题，轻：轻小的问题。形容词作名词，指不和谐的话）

说三道四（数词"三"和"四"作名词，指不和谐的话）

众所周知，成语大都诞生于古汉语的语言环境中，其中蕴含着大量的词类活用现象，一般涉及词类活用现象的方方面面，如名词、形容词、数词动化，名词活用为状语，名词、形容词活用为使动、意动，等等。鉴于此，在平时的现代文教学中，教师就应该经常举例（或办专题微讲座）引导学生自觉地留意这种现象，进而自觉地加以认知和积累。初中阶段，课业负担相对轻一些，正是学生夯实文言学习基本功的黄金时段。在这一时段中，积极引导学生充分利用自己的成语积淀来强化对课文中词类活用现象的理解、领悟和掌握，实在是一个事半功倍的好办法。还需强调一点，学生经常这样做还有利于他们准确理解和掌握成语的意思和用法（避免成语的误解或误用），以夯实自己的语言基本功。

四、与生活中的词语活用现象相融通

20世纪八九十年代，谁要是说"××很青春"，人们都会觉得很稀奇，甚至会有语法学专家认为这是个病句，原因是名词前面不能加副词来修饰。现在，这样的话几乎成了人们的口头禅。这里面的"青春"属于名词动化现象，就是指"长得很年轻"。如"七十几岁的王奶奶仍然很青春，充满活力，魅力四射"这样的句子。再如"阳光"这个词也是名词,现在也常与副词搭配了,如"张大爷心态特别阳光,总是乐呵呵地面对一切"这样的句子。其实,现实生活中类似的例子很多,如"美丽我的家乡(美丽,作动词,使动,使我的家乡更美丽)""严肃考纪(严肃,使动,使考纪严肃)""水得邪乎(水,名词作形容词,意指很差劲)""穿红挂绿(红、绿,形容词名化,意指衣物)""眉来眼去(眉、眼,名词作状语,意指用眉眼……)""幸福着你的幸福(第一个'幸福'形容词动化,意动,意指感到幸福;第二个'幸福',形容词名化,意指令人幸福的事情)",等等。

现实生活中,老百姓鲜活的语言里,各种词类活用现象实在是太多了。这也不足为奇,它既体现了古今汉语一脉相承的演变规律,更显示了汉语言生生不息的活力。可惜的是,很多语文教师在教学文言词类活用现象时,对此竟熟视无睹、毫无感觉,总是孤立地从语法到语法、由概念到概念,就语法现象解释语法现象,动辄让学生死记住"什么活用成了什么"。著名语言学家吕叔湘先生指出:"成功的教师之所以成功,是因为他们把课教活了。如果说一种教学方法是一种钥匙,那么,在各种教学法之上,还有一把总钥匙,它的名字叫作'活'。"可见,"活"堪称语文教学的精髓,生活化地活教、教活语文,应该是使语文教学摆脱种种误区、走出低效的治本之举,文言词类活用教学也不例外。每次上讲读课时,教师都生活化地引导学生走进古人语言表达的生活,深入课文的生活,调动自己的生活积淀,留心现实生活,进而多维"生活"融通地用心活学、学活、悟透、学会。假若真的能做到这样,学生自然也就不再厌烦、害怕那些所谓的词类活用现象,也就真的会乐意学、主动学、自觉学了。最为重要的是,在这个生活化地教学文言词类活用知识的过程中,学生的语言文字基本功以及自主精神、健全人格和创造品质等也会得到良好的发育和提升。

古诗文教学"三要"

中学课文教学的本务,说到底,就是教学生学好语言表达艺术,掌握运用母语的本领。所谓的体验、感受、品味、赏析、探究、感悟和生成之类,也都只能以学好语言表达艺术,掌握好运用母语的本领为旨归。这就是语文学科和语文课的特质性本务,其他学科都不能替代,古诗文教学也不能例外。为此,我认为,当下的古诗文教学应该返本归真、守本务实,走生活化之路,切实提高效益,努力做到"三要"。

一、要做实"读文学写"

当下,我们的语文课之所以甚乏语文味,且又大都不务正业、效益低下,主要是因为我们还没有认清语文课的特质性本务,尤其是对教学生"读文学写"重视得还很不够,做得更不到位。这种严重不到位,现代文教学如此,古诗文教学则更如此,除了讲解字词、翻译课文等几乎就无所事事了。这种被动、低效的古诗文教学再也不能持续下去了!但要扭转这种局面,真正做实教学生"读文学写",我们必须走生活化之路,努力做好以下几点:

1. 教学生回归生活学课文的遣词造句

"烟笼寒水月笼沙,夜泊秦淮近酒家"(杜牧《泊秦淮》)这两句诗,从写景入手,用两个"笼"字,勾画出了秦淮河上烟月迷蒙的景象。这里的"笼"字,自然有"笼罩"之意,它将烟、水、月、沙四者和谐地融合在一起,给人以柔和幽静之感。但是,若深入全诗的意境,走进诗人的内心,这"笼"字又何曾不寄寓着诗人忧愁的情感?这"烟"(指水雾)和"月"(指迷蒙的月光)无疑也笼罩着诗人的心,隐含着一种微微浮动流走的情态。可见,要想品透这个"笼"字的真滋味,恐怕是必须要走进这首诗的内生活(即意境)和诗人的内心世界的。

苏轼的《赤壁赋》第一段写道:

> 壬戌之秋,七月既望,苏子与客泛舟游于赤壁之下。清风徐来,水波不兴。举酒属客,诵明月之诗,歌窈窕之章。少焉,月出于东山之上,徘徊于斗牛之间。白露横江,水光接天。纵一苇之所如,凌万顷之茫然。浩浩乎如冯虚御风,而不知其所止;飘飘乎如遗世独立,羽化而登仙。

这一段写作者与客人夜游赤壁的情景:主客投入大自然怀抱之中,尽情领略其间的清风、白露、高山、流水、月色、天光之美。"清风徐来,水波不兴。举酒属客",四字一句,节奏明快,写景喻人,节奏与此景此境中主客的心情也完全合拍。"诵明月之诗,歌窈窕之章",写主客趁酒兴吟诵《诗经·陈风·月出》首章"月出皎兮,佼人僚兮。舒窈纠(古音读 jiǎo)兮,劳心悄兮"(古时"窈纠"与"窈窕"音相近,所以称作"窈窕之章"),想象明月就如体态娇好的美人,即将从东山上冉冉升现,美不胜收。这"诵明月之诗,歌窈窕之章"本可以继续四字一句,写作"诵明月诗,歌窈窕章",但作者却没有继续明快流畅下去,而是分别在"诗"和"章"之前各加了一个"之"字,使语句一下子又舒缓下来。摇头晃脑地美美诵读几遍,我们不禁顿感这两个"之"加得妙极了,尽写出了主客的快乐和自在——简直就高兴得找不到北了!"少焉,月出于东山之上,徘徊于斗牛之间",语句的节奏更加舒缓、细腻、生动地描摹出月出的样态,缓慢柔和,含情脉脉。接下来,写皎洁的月光下白茫茫的雾气笼罩江面,天光、水色连成一片,真可谓"白露横江,水光接天",既是在写江面浩渺无边,也是在表露人心的开阔舒畅,无拘无束。这景象和这心境,正所谓"秋水共长天一色"(王勃《滕王阁序》),作者只选用这八个字,便奏响了这明快而有力的节奏,尤其是这一"横"字和"接"字,使得意境顿然宏阔起来!于是,"纵一苇之所如,凌万顷之茫然。浩浩乎如冯虚御风,而不知其所止;飘飘乎如遗世独立,羽化而登仙"这几句,在作者的笔下腾跃而出,泛舟畅游之乐,发于心而溢于言。这几句节奏鲜明、整齐有力、气势恢宏,极写主客乘着一叶扁舟,在"水波不兴"、浩瀚无涯的江面上随波漂荡,悠悠忽忽地不知所止,遗世独立地羽化登仙。写景抒情,融情入景,情景俱佳。可见,句子的结构形式、表现风格、修辞方法、语体色彩、情感色彩等都不是作者随意为之的,都是与课文生活、作者生活、读者生活、生活情理等密切相关的。而要想教学生真正学通悟透,进而切实理解和掌握语言表达艺术的真谛,就必须这样生活化地教学生用心学和潜心悟。

2. 教学生回归生活学课文的布局谋篇

《送东阳马生序》（宋濂）全文分三部分。第一部分写作者自己青少年时代求学的情形，着意突出其"勤且艰"的好学精神。第二部分紧承第一部分，写当代太学生学习条件的优越，与作者青年时代求学的艰难形成鲜明的对照，从反面强调了勤苦学习的必要性。通过这两部分的对比，读者可以很清楚地看出当今太学生在读书、求师、生活等几个方面都比作者当年的求学条件优越得多，但却业有未精，德有未成。最后用一个选择句式又加一个反诘句式，强调关键就在于这些太学生既不勤奋又不刻苦。第三部分点明写序的目的，即"道为学之难"，"勉乡人以学者"。因为劝勉的内容在上两段中已经以自己为例写足了，所以这里便只讲些推奖褒美的话，但是殷切款诚之意，马生是不难心领神会的。其实，依宋濂的声望和地位，他完全可以摆出一副长者的架子，正面讲些道理，对这个青年老乡进行一番教育的。然而他却没有这样做，而是把自己放在与对方平等的地位上，用自己亲身的经历和切身的体会去和人谈心。这样一来，读者自然会感受到文章深处有一种崇高的人格感召力，于是不知不觉中就拉近了与作者的思想距离，进而赞同他的意见，并乐意照着他的意见去做。这样结构布局自然会使得主宾之间有了一种紧密的内在联系，看似先从自己谈起，从容道来，实则是运用对比映衬手法，由己及人，身教后生，避免了直露生硬，使文章委婉含蓄，意味深长。这就是这篇文章在结构布局上的妙处！当然，这样布局谋篇，绝非只是一个文章技巧问题，这是需要有深厚的思想修养作基础的，这里就不再展开谈了。

现在的文言文课堂教学几乎就见不到这种深入生活、合情入理的品析和探究了，清一色的干巴巴解词和翻译，几乎就与这多维的"生活"彻底绝缘了。这对培养学生的母语运用本领而言，绝对是不够负责任的。教学中，教师必须启发、引导学生深入这些因素，并调动生活积累，联想生活情理，深度体验、思考和感悟作者布局谋篇的缘由。

3.教学生回归生活学课文的运招用技

所谓课文的运招用技，就是指作者写文章所运用的写法、技法和修辞等，如烘托、衬托、反衬、铺垫、悬念、照应、象征、比拟、夸张、排比、反复，等等。一般而言，作者选用某种技法，也都是具体的语境、心境等生活因素而定的，意到技成。如"住近湓江地低湿，黄芦苦竹绕宅生。其间旦暮闻何物？杜鹃啼血猿哀鸣"（白居易《琵琶行》）这几句诗，其中的"黄芦""苦竹"和"杜鹃啼血""猿哀鸣"就是一种典型化取景的写法。也就是说，诗人在因情取景，借景抒情。事实上，诗人住宅周围不可能只生长黄芦和苦竹，他每天所听到的不可能仅仅只是杜鹃和猿猴的啼叫声——更何况杜鹃和猿猴只是春秋季节啼叫得明显。但是，诗人非要这么有选择地写景抒情，不这样写就不能很到位地表达自己无辜被贬的愤懑与悲慨。这样寓情于景，看似不太合乎客观逻辑，实则特别符合人的情感逻辑。实际上，学生也都有类似的体验，如越是心情不佳就越喜欢听悲伤的音乐。可见，不引导学生深入诗人的内心世界，并充分调动自己的生活体验，就不可能真正体悟到这种写法的妙处。鉴于此，我认为，那种动辄问学生用了什么手法，而后便是一通自演自说的浅层解析，是不可能使学生刻骨铭心地悟得写法之妙的。至于那种整天枯燥乏味、急功近利的以考练代学习，则就更是害人匪浅了，还谈什么做实做好"读文学写"呢？

语文教学的本务，在很大程度上讲，就是用课文教学生学好语言表达艺术。古诗文都是千百年淘漉下来的经典名篇，应该是我们教学生"读文学写"的宝贵资源。为此，我们一定要充分利用好这些宝贵资源，生活化地引导学生读文悟写、学写，自然无痕地培育他们的写作能力和素养。

二、要教活文言语法

学习文言语法知识，难点在于词类活用、倒装句式和一些固定文言格式。与现代汉语的语言现象一样，古汉语的词类活用、倒装句式和一些固定文言格式等也是缘于生活的，都是特定语境下的特殊表意需要所使然。为此，教师必须回归生活活教并教活，以使学生能够做到活学、学活。只有这样教与学，才有可能做到教师会教、教活和教实，学生也学活、学实、学会和会学，而绝不是硬塞给学生一些僵死的概念，把学生活活教傻、教死！

先说文言词类活用现象。其实，古人与今人的语言习惯是一样的。今天，在人们的语言交际中，词类活用现象仍很常见。如"穿红挂绿"中的"红"和"绿"是形容词作名词，有"红衣""绿褂子"之意味；"在演唱和表演方面，这个人比刘德华还刘德华"中的后一个"刘德华"是名词作动词，有"是一个很会演唱和表演的人"之意味；"端正党风"中的"端正"是形容词动化，表使动，有一种"使党风得以端正"之意味;"这孩子真木"中的"木"是名词形容词化,有"呆笨"之意味。古人的语言习惯学生不甚清楚,今人的语言习惯他们总还是比较熟悉的,教师不妨以今比古,引导学生回归生活去体验、感受、思考和理解。

再说文言倒装句。一般包括谓语前置、宾语前置、定语后置、状语后置等。其实,倒装结构,往往也不是为倒装而倒装的,都是有其特殊的表意功能的。如"渺渺兮予怀"(苏轼《赤壁赋》)就是个主谓倒装的谓语前置句,翻译成现代汉语是"我的心思飘得很远很远啊"之意。毋庸讳言,这样的译文是不可能很到位地表达苏轼此时此刻的心境的。因为,此时的苏轼心思飘渺、神思飞扬的感受特别强烈,所以必须把谓语前置才能更到位地表达出这种强烈的情感。"何陋之有?"(刘禹锡《陋室铭》)意在强调没有什么鄙陋的,所以动词"有"的宾语"何陋"前置。现实生活中,这样的疑问句随处可闻。如果仅仅死板讲解为"'疑问词+名词'作宾语时经常前置,'之'是重要标志之类",这只会是越教越死。"大阉之乱,缙绅而能不易其志者……"(张溥《五人墓碑记》),"而能不易其志者"这个定语后置,意在强调在阉党头子魏忠贤专权的黑暗、残酷的背景下,能够坚守自己良知、不改初心的官员是极少的,有作者强烈的感慨、批判的意味在里面,绝不仅仅是可笑的"中心词+而+后置定语+者"(一些教师让学生死记住的定语后置的一种形式)啊!"每览昔人兴感之由,若合一契,未尝不临文嗟悼,不能喻之于怀"(王羲之《兰亭集序》)这几句中的"于怀"就是状语后置现象,旨在强调"这个疑问一直在诗人自己心里纠结,不能够明白"之意,完全是诗人故意为之的。事实上，古诗文语句的语法结构也不都是倒装的，只是为了强调或突出某种意味的时候，作者才采用倒装句的。现代汉语也一样，"春天像小姑娘，花枝招展的，笑着走着。"（朱自清《春》）这一句若把后置定语前置，改为"春天像花枝招展的笑着走着的小姑娘"，文字信息上与原句没有什么差别，但明快的节奏没有了，表情达意的效果也就大打折扣了，甚至根本就无法表达作者喜悦明快、热烈奔放的心境了。

三、要抓实依文练笔

生活化语文教学理念主张，要实现课内表达导练与学生课外自主历练的相融与化通。课内，教师在课文教学过程中适时教学生或依文仿写、扩写、续写、补写、改写、感评等，或依特定语境练写祝福语、主持语、实用文（包括启事、通知、计划、总结、楹联、假条、借条等）、点评、微报道、发言稿等，或自主发现课文内容的可思辨点并积极进行独立思辨。这样的表达训练才称得上是生发于课文教学的真表达历练，往往也最受学生欢迎，并能最大程度地激发起学生的表现欲和表达激情，可谓真写作文、写真作文。现代文课堂教学过程中我们可以这样做，文言文课堂教学过程中依然可以这样做，而且照样能做得很精彩。我的文言文课堂教学实践表明，学生是特别乐意参与这种依文练笔活动的，而且写得很出色。

例如，教读《五人墓碑记》，教师可以引导学生依文为"五人"写挽联，为他们舍生取义的英雄事迹写点评，还可以拟设情境为他们写颁奖词、纪念会的主持语等，甚至可以把课文改写成课本剧等；再如，教读《季氏将伐颛臾》，引导学生扩写出人物的心理活动、补写必要的对话场景,写思辨、思辨孔子"只要高树仁德就会实现天下和谐"这一观点的评论稿,写班级召开"孔子'仁政'思想论坛"的微报道等。课内教学生这样做,同时指导学生课外读经典文言文时也着意这样想甚至这样练,尤其是对一些现实生活中的事件、思潮、认识等长期坚持发表感想,或思辨、点评等。总之,课文多多,契机多多,关键就看我们的态度如何了。这样的依文练笔活动,不仅有利于抓实、抓好语言训练这一语文教学的本务,不断提高学生的表达能力和素养,也有利于促进学生自主、独立而又健全的灵魂的良好发育。

当下,中学语文教学早已整体堕入模式化的应试主义泥潭而难于自拔。中学古诗文教学更是重灾区,早已紧跟"中高考指挥棒",异化为词语解释、语句翻译、内容理解、必背篇目背诵等的简单相加了。这样的教学,眼光短浅,机械、干巴、肤浅、平庸,不见语言艺术的品析,更是见不到什么依文练笔这一本真的表达历练形式了。这种中高考考什么就教什么、怎么考就怎么教,不思语文能力与素养,无视学生未来做人与发展的中学古诗文教学,早就该叫停了!

最后,再重申几句。当下的中学古诗文教学已深陷紧跟"中高考指挥棒"、死教死学、死练死考、无限反复、恶性循环的误区。为此,作为一线中学语文教师,我们真的很有责任使文言文教学能够返本归真,守本务实,走生活化之路,切实提高教学效益。那么,究竟如何做实做好呢?我想,上述"三要"很值得广大中学语文教师关注、反思和借鉴。

高中文言文教学：再也不能这样平庸下去了

现在文言文教学确实出了大问题：高考考什么，一线教学就教什么；高考这么考，一线教学就这么教。比如，十多年来，高考文言文试题一般都只限于文言词汇释义、文言语句翻译和文本内容的理解等；同时题型也大多是三道选择题和一道翻译题。于是乎，高中文言文课堂教学也就理所当然地仅仅停留在字词讲析、翻译课文、理解内容的层次上。不少青年教师向我倾诉：自己绝不甘心就这样长期"高仿真"地教下去。再这么教下去，不用十年，恐怕连自己都要被真语文教学给抛弃了！可自己又能怎么做呢？不这样教，教学进度就跟不上，还往往会导致学生的分数不理想。自己的绩效工资低一点也就罢了，关键是还要接受领导的斥责、同事的小瞧，在人前都抬不起头来。

说实话，这些青年教师的这番心里话还真不是个例，应该能够代表当下一些比较上进的青年语文教师的心声。为此，他们都很是压抑、纠结和困惑的，但又根本无力改变或超越现状。其实，若从文言文教学的本质、本务以及语文教师的良知等维度来看，我们语文教师也不难找出解决问题的根本方法：那就是即使急功近利的应试化到处弥漫，我们也要牢牢坚守住文言文教学的本真，超越应试、实用的功利之念，既教文又立人，真正完成文言文教学的本务。具体究竟该怎么做呢？下面，我就结合《五人墓碑记》这篇课文的教学来谈谈自己的一些做法和想法。主要有三层意思。

第一，教师必须引导学生思辨、探究和理解课文的灵魂。这是教学一篇课文的根本点和出发点，否则赏析就没了基准，也很难靠谱了。那么，《五人墓碑记》这篇课文的灵魂是什么？无疑就是一个"义"字。全文都在高度赞美和评价五位义士的义举和壮行，高度赞美了五位义士坚守正义、大义凛然、视死如归的精神，高度评价了他们的这种精神对江山社稷的重大意义。这个灵魂，教师绝不可直接讲授给学生，也大可不必采用所谓的现代化手段变相地灌输，而是必须引导、点拨、启发学生去深读、感受和领悟，有机而无痕地进行渗透。课文倒数第二段写道：

> 由是观之，则今之高爵显位，一旦抵罪，或脱身以逃，不能容于远近，而又有剪发杜门，佯狂不知所之者，其辱人贱行，视五人之死，轻重固何如哉？是以蓼洲周公忠义暴于朝廷，赠谥褒美，显荣于身后；而五人亦得以加其土封，列其姓名于大堤之上，凡四方之士无不有过而拜且泣者，斯固百世之遇也。不然，令五人者保其首领，以老于户牖之下，则尽其天年，人皆得以隶使之，安能屈豪杰之流，扼腕墓道，发其志士之悲哉？故余与同社诸君子，哀斯墓之徒有其石也，而为之记，亦以明死生之大，匹夫之有重于社稷也。

这段文字就高度赞美和评价五位义士的义举和壮行，但作者绝不是直接赤裸裸地喊出来的，而是巧妙地融于字里行间的。比如，"由是观之"中的"是"就复指前文中五人率众"发愤一击"的义举以及他们"意气扬扬，呼中丞之名而詈之，谈笑以死。断头置城上，颜色不少变"的壮行。教师一定要借此切入，进而启发、点拨学生思考作者将五人的义举和壮行与当今所谓高爵显位之人的卑贱行径进行对比的真正意图，即突出五人精神和人格的高贵。再比如，作者用五人"得以加其土封，列其姓名于大堤之上，凡四方之士无不有过而拜且泣者"的殊荣与他们"保其首领，以老于户牖之下，则尽其天年"这个假设性结局来进行对比，就是为了突出他们为义而死的重大价值，教师也要引导、启发学生深入语言文字来品味和辨析的。此外，像"轻重固何如哉？"中的"固"，"凡四方之士无不有过而拜且泣者"中的"凡""且"以及"斯固百世之遇也"中的"固"等词，看似不太起眼，但也都在强化着作者的赞美与评价。教师也一定要指导学生反复诵读，用心咀嚼并深入体味、思辨和感悟。不如此，学生就很难深入灵魂地感受到这个"义"字的分量。文言文教学不仅要拒绝照本宣科地"贴标签"，更要自觉拒绝平庸地串讲和翻译！

第二，教师必须引导学生充分体验和深度感受课文的表达艺术。再看："吾社之行为士先者，为之声义，敛赀财以送其行，哭声震动天地。缇骑按剑而前，问：'谁为哀者？'众不能堪，抶而仆之。""然五人之当刑也，意气扬扬，呼中丞之名而詈之，谈笑以死。断头置城上，颜色不少变。"这两处，虽笔墨不多，但作者将"缇骑"的狗仗人势、装腔作势、气焰嚣张以及五人临行的意气扬扬、大义凛然、视死如归等都写得栩栩如生，也生动地展现了人物的精神世界。再比如，前文所提及的两处对比以及课文第二段中富贵得志之徒死而湮没与五人死而皦皦的对比，都是在突出五人为义而死的价值和意义。此外，此文先从清除大阉魏忠贤废祠遗址来为五人造墓并安葬他们写起，而不是从五人率众发愤一击写起，这也是为了突出五人之死的巨大影响和价值，同时还有制造悬疑、吸引读者之用意。这些地方，也一定要引导学生深读进去，并结合课文语境深入体验、感受、思辨和品析，以使他们更加深切地感受到作者运用这些写法的真实意图。这才是真正深入学生灵魂的真赏析，而不是为赏析而赏析地贴上几个术语标签。也只有切实引导学生这样去深读和赏析，学生才有可能更加深切地感受到作者运用这些写法的真正意图，从而真正体验和感受到这篇课文的表达艺术。

第三，引导学生去发现可思辨点并积极进行思辨。当然，并不是每一篇文言文课文都蕴含着有价值的可思辨点。但是，一旦蕴含就一定要引导学生去发现和思辨。比如，这篇课文就可以提炼出这样一个可思辨点：有人说，作者认为"令五人者保其首领，以老于户牖之下，则尽其天年，人皆得以隶使之"这话带有封建士大夫轻视普通民众的阶级局限。你认为是这样吗？请发表自己的独立看法。

对此，学生可以认为作者确有士大夫式的阶级偏见，出口就瞧不起普通民众；也可以认为作者并没有什么阶级偏见，只是在做一个否定方向的假设推理。持其中的任一方的观点都可以，只要能够自圆其说。实践表明，学生对这样的思辨是很感兴趣的。

其实，在高中文言文教学中，这种可思辨点还是很多的，只要教师肯引导学生去发现。比如，"'目见耳闻'就一定是真的吗？"（苏轼《石钟山记》），"什么样的'义'都值得我们去'舍生'吗？"（孟子《鱼我所欲也》），"'生乎吾前'就一定会先'闻道'吗？"（韩愈《师说》），"屈原该不该选择投江自杀呢？"（屈原《渔父》），"司马迁该不该选择'苟活'呢？"（司马迁《报任安书》）等。对于这些可思辨点，教师一定要选择合适的环节引导学生去自主发现，并深入思考和独立思辨。这对提升自主思辨能力、发育独立健全人格至关重要。

总之，无论是从广度还是深度来看，文言文教学都不应该与现代文教学有别，理应做到"四个一样"：即一样教学生体悟课文何以这样遣词造句、布局谋篇和运招用技，一样教学生赏析和审美，一样注重培养和训练学生的语言基本功，一样在课内外学习生活中培养和训练学生的思辨和表达能力。如果非要说有别，区别就在于文言文有一种天生的语言障碍，需要师生一道去突破，但这绝不意味着文言文教学就仅仅止步于此。

诚然，高中文言文教学返本归真的做法远不止以上所谈的这些。这里，我之所以谈这些，目的就是想强调，高中文言文教学再也不能这样平庸下去了。当然，我们还必须要看到，高中文言文教学之所以会这样被动，不仅与应试化实用主义有着直接的因果关系，还与一些语文教师的语文素养和人文素养不足以及语文教学评价的极端功利化等因素都有着直接的因果关系。尽管如此，语文教师还是可以有所作为的，即可以主动提升自身的语文素养和人文素养，可以自觉地在文言文教学过程中渗透立人教育和艺术美赏析。鉴于此，我认为，凡有良知的语文教育工作者都应该高度自觉地拒绝这种实用主义，让高中文言文课堂做得更深入一些，更本真一些，更有味道一些，更有益于教文立人一些。那种以学生应试得高分为宗旨的浅表化、平庸化的课堂教读再也不能持续下去了！当然，我更希望能看到青年教师们都能够坚定不移、百折不回、宠辱不惊，在真语文教学实践中不断发展和提升自己。

文言文翻译扼杀掉的"语文味"

我们之所以要教学生翻译文言文，是为了让学生更好地理解课文的思想内容。然而，现在的文言文教学却几乎成了讲析词句、精准翻译课文的代名词。之所以如此，是因为高考要考。虽然高考这样命题实际上也无大过，但是从根本上讲，文言文教学也是为了教学生学好语文，训练好语言，接受好做人教育。故此，教学生翻译文言文也仅仅是教学的一个环节而已，绝不是教学目的。

为了更好地说明问题，请先看某中考网资源库中的一段译文：

> 这里有高大的山和险峻的岭，有茂密的树林和高高的竹子，又有清水急流，（在亭的）左右辉映环绕。把水引到（亭中）的环形水渠里来，让酒杯漂流水上（供人们取饮）。人们在曲水旁边排列而坐，虽然没有管弦齐奏的盛况，（可是）一边饮酒一边赋诗，也足以痛快地表达各自埋藏在心中的情怀。

只看这段译文,谁能想到其原文竟是出自王羲之《兰亭集序》:

> 此地有崇山峻岭,茂林修竹,又有清流激湍,映带左右。引以为流觞曲水,列坐其次,虽无丝竹管弦之盛,一觞一咏,亦足以畅叙幽情。

我们只需做一番比较阅读,就不难发现译文对原文的戕害:原文那种节奏美、韵律美甚至景象美和情境美几乎都荡然无存了。至于学生诵读起来那种朗朗上口、陶醉其中的得意和快乐就更都不存在了,因而学生也就根本无法享受到经典文言美文的"真味"了。

再请看:

> 是日也,天朗气清,惠风和畅。仰观宇宙之大,俯察品类之盛,所以游目骋怀,足以极视听之娱,信可乐也。

这段话的译文是:

> 这一天,天气晴朗,和风轻轻吹来。向上看,天空广大无边;向下看,地上事物如此繁多,这样来纵展眼力,开阔胸怀,穷尽视和听的享受,实在快乐啊!

相比之下,也是清汤寡水,没什么滋味。原文里有"之大""之盛""之娱"三处定语后置。之所以要定语后置,一是为了使语句节奏整齐和谐,这比较容易感受到。二是为了突出定语所要表达的内容。"之大"强调宇宙浩大无边,实在是太大了,有强烈的赞叹意味;"之盛"强调世间万物品类实在是太多太繁盛了,也有很强烈的赞叹意味;"之娱"强调宇宙万物给人们的视听带来愉悦真是太丰富了,大有"真是一次就可以看个饱、听个够啊"之意味。译成白话文,就味道全无,苍白无力了。我又想起"人马烧溺死者甚众"(司马光《赤壁之战》)这一句,很多资料都严格遵守后置定语须迁移的死规矩,把它翻译成"被烧死、淹死的人马特别多"。其实,翻译这句话根本就没有必要死守这个死规矩,就是翻译成"人马被烧死、淹死的特别多"也无妨,起码更顺畅一些。但是,学生若胆敢这样翻译,就肯定要被扣分,理由就是后置定语"烧溺死者"没有前移,不符合现代汉语习惯。多少年来,我们的一线教师和一些考试指导专家就是在这样死教死导、死要求和死评定!严格地讲,就是翻译成"人马被烧死淹死的特别多"也还远不够味,因为这里面还有"曹操的人马真是败得太惨了!"等意味,所以翻译时最好补上,译成"曹操的人马败得那个惨啊,烧死淹死的特别多,不计其数"。这样一来,意味就足了,也就更接近作者的本意了,但分数很可能就被无情地扣光了!这就是高考死考文言文翻译的恶果之一!

请看这一段译文:

> 每当我看到前人发生感慨的缘由,如果碰到和我想法一样的,(我)总是面对着(他们的)文章而嗟叹感伤,心里

又不明白为什么会这样。(我)本来就知道,把生和死同等看待是荒谬的,把长寿和短命同等看待是妄造的。后人看待今天,也像今人看待以前一样,真是可悲啊!

其原文是:

> 每览昔人兴感之由,若合一契,未尝不临文嗟悼,不能喻之于怀。固知一死生为虚诞,齐彭殇为妄作。后之视今,亦犹今之视昔,悲夫!

原文中"齐彭殇"的意思是:把长命的和短命的等量齐观。彭,彭祖,相传为颛顼帝的玄孙,活了八百岁。殇,指短命夭折的人。这几句话中运用了"彭祖长寿"这个文化典故,仅仅读译文是根本看不出来的,或者说这个文化典故已经被翻译掉了。这令我又想起了"我持白璧一双,欲献项王,玉斗一双,欲与亚父。会其怒,不敢献。公为我献之。张良曰:'谨诺。'"(《鸿门宴》)这几句。其中张良的话"谨诺",一般资料仅仅翻译成"行"。这就把作者所要表达的意味翻译丢了呀。这句话中的"谨"字有君尊臣卑的意味,有中华民族的传统文化在里面。如果实在非翻译不可,那只好翻译成"张良很恭敬地说:'主公,可以,我一定代您办好。'"之类。就是这样,恐怕味道还是不够呢!现在的中学生,动辄上课抄译文、下课背译文。如此这般的译文,学生还不知要丢掉多少"古典文化"呢!

可见,文言文翻译会扼杀掉许多"语文味"的,不可不谨慎为之。

这样一来，文言文教学过程中到底还要不要翻译课文这个环节呢？当然要了。我们极力反对的是：文言文教学直接等同于课文翻译，严重忽视语言表达艺术以及人文精神、传统文化、思想情感、人生哲理等方面的学习，并且还人为地极端应试化、功利化。这里再重申一句，不宜翻译的经典美文还是尽量不翻译，改之为用心诵读涵泳。

我的做法是：每天都要求学生利用三五分钟课前实践诵读经典文言美文（包括古诗词），不管这个阶段是否在教学文言文。这样做就是为了让学生每天都美读文言，感受文言，真正感悟到文言文的节奏美、韵律美、文字美和内涵美，真正体悟到文言的诵读规律和方法。比如，《兰亭集序》中的"夫人之相与，俯仰一世。或取诸怀抱，晤言一室之内；或因寄所托，放浪形骸之外。虽取舍万殊，静躁不同，当其欣于所遇，暂得于己，快然自足，不知老之将至。及其所之既倦，情随事迁，感慨系之矣"这几句，如果在"晤言""放浪"后加上"于"，或删掉"其欣""暂得"后的"于"以及"人之相与"前的"夫"、"不知老"后的"之"等，意思是不会变的，但诵读起来脖子都会僵梗在那里的，那种文言的韵味就彻底没有了。这一点，一定要教学生多诵读，多体味，否则就很难体悟得到。

最后，我真情建议高考不要再考查文言文翻译了，因为平时教学文言文时教师终归要领着学生认真翻译课文的——不翻译都读不懂原文，也不易达成教学目标的。况且高考命题也应该再上位一些，如考查内容概括、思想提炼、艺术赏析等主观表述能力。像现在，高考考查文言文翻译，一线教师就考什么教什么，怎么考怎么教，模拟训练更是极端精准化、高仿真化和功利化，结果只会把教学和备考都推向僵死或异化，这对学生，对古典文化，对母语教育，对教文立人等无疑都是祸害无穷的。

破开应试化背景下古诗词教学的死结

请看当下古诗词教学的常态：先让学生读一遍，然后把生字生词讲讲，把诗词由上到下翻译一下，接下来再由教师引经据典、照本宣科地讲析一通，之后了事。什么意象、意境、用词、写景、融情、寓理、表达艺术，等等，几乎都统统由教师直接灌输给学生。好一点的状况，则由教师先把一些结论或"成说"摆出来，然后牵引着学生到诗词里去找"证据"，误以为这就是引导学生去探究和发现！如果考试大纲要求背诵这首古诗词，就课后逼着学生死背并记死。整个教学过程几乎见不到学生深入课文生活的体验、感受、联想、想象和品悟，僵化、平淡、乏味、低效，没有一丁点儿活气。最可怕的是，在大家都拿高考来说事的大背景下，这已然成了一个几乎无人敢去破开的死结。至于教师又该怎样教学生运用乃至尝试写作古诗词，则更成了天方夜谭。那么，我们究竟该怎样去破开应试化背景下古诗词教学的这个死结，进而走上生活化的真诗词教学之路呢？我认为，最起码要做到以下几点。

一、教学生真读进去

无论哪一首古典诗词,都是有其特定的情感、意愿、理趣等内涵的,其内涵都是可以通过真正的深读、体验、感受、思辨、感悟而品味出来的,如苏轼的《念奴娇·赤壁怀古》、辛弃疾的《永遇乐·京口北固亭怀古》、柳永的《八声甘州·对潇潇暮雨洒江天》等,无一不是如此。有的诗词作品内涵比较深且多元,一开始学生可能比较难以品悟出来或品悟不出多少来。这时,教师不妨切入一些创作背景,让学生深入作者生活,尤其是深入作者当时的处境和心境,进而指导学生再去深读、体验、感受、思辨和感悟,他们定能够品悟出更多的东西来。如果感觉深度和广度还有欠缺,教师不妨再切入一些创作背景,进一步启发、引导学生深读、深思、深品、深悟。有时甚至还要充分调动学生的生活积淀,链接教师的生活阅历来启发、点拨学生真读作品、深读进去,直至读懂诗词的精神或情感内涵。

比如要真正读懂词人苏东坡的"人间如梦,一尊还酹江月"和辛弃疾的"凭谁问,廉颇老矣,尚能饭否?"就必须要引导学生不断深入词的创作背景,深入体察、感受作者的心境。仅仅品出词人如何慨叹报国无门、人生无为,这似乎还不够味,因为这词句里面同样蕴含着他们对生活的热爱、对成功人生的钦慕、对朝廷昏庸无为的愤慨等,还需要教师再引导学生深入作者生活和作品生活(包括语境、情境、意境等)。再比如在《八声甘州·对潇潇暮雨洒江天》一词中,词人柳永为什么会"不忍登高临远"?又为什么会"归思难收"?仅仅靠切入创作背景恐怕还略嫌不足,还要充分调动师生自己的生活积累,更加深入地体察、感受柳永被君王黜落、"奉旨填词",人生失意的那种空虚、失落、孤独和悲哀之情。

不论教师还是学生,我认为,一般都会有失落、空虚、孤独、伤感之类的经历或体验的,不妨就启发学生充分调动出来,或者教师把自己的体验讲述出来。拿自心参比人心,师生一起充分、深刻地体验和感受一番,这无论如何都会有助于学生深品出词句的真味的。

二、教学生真做赏析

学生深读进去了,也就自然可以进入真正的赏析,并得到真赏析带来的真快乐了。否则,似懂非懂、半懂不懂,甚至根本就没有读懂,就急于去探究和赏析意象、意境、艺术手法等,结果只会导致教师强塞硬灌,学生糊里糊涂地被动、生硬地接收概念、术语、赏析方法之类。

那么,赏析什么呢?无外乎欣赏、评价作者在炼字用词、意象意境、绘景融情、写物寓理、修辞和技法等方面究竟做得如何,又有什么独到之处。这里还必须重申,这些东西的赏析和评价,永远是第二位的,只能在学生品出了诗词真味的基础上进行。因为只有品透了作品的"真味",才会真明白作者炼字用词、绘景融情、写物寓理、选择意象、创设意境、运用修辞和技法等的独到之处和真实意图,才会真正达到心领神会、美不胜言的审美境界。事实上,也只有达到了这样的境界,才称得上是在用生命和灵魂做真赏析,才真的会使学生一辈子都难忘并受益不尽。

面对滚滚东去的长江水,苏轼为什么会想到周瑜呢?因为此地(起码作者这样以为)与周瑜有关,身遭逆境、壮志难酬的他正在追慕周瑜年少得志,在拿周瑜自比,进而曲隐地表达自己的感慨。苏轼又为什么要篡改史实,创造"小乔初嫁"的典故呢?因为这有利于渲染、衬托出周瑜的"雄姿英发",更有利于强化自己的追慕和感慨。苏轼所描绘的"乱石穿空,惊涛拍岸,卷起千堆雪"的壮丽景象又有什么作用呢?因为只有这样壮丽、凶险的景象才配得上用来烘托周瑜这个英雄形象,也是为了进一步突出周瑜的英雄气概,强化词人的追慕和感慨。如果学生根本就品不出这首词还有一种苏轼追慕周瑜少年得志,感慨自己身陷逆境、壮志难酬的"真味",他们又怎么能真正赏悟到这些写法的意图和妙处呢?

再如,柳永笔下为什么也会有"对潇潇暮雨洒江天,一番洗清秋。渐霜风凄紧,关河冷落,残照当楼。是处红衰翠减,苒苒物华休"这样寥廓、悲壮的景象呢?是因为他心中久久压抑着一种不得志、一种剪不断理还乱的怨怨和愁苦。柳永是不可能真的做到"浮名利,拟拼休。是非莫挂心头"(柳永《如鱼水》)的。其实,这一切只是表象,只是词人失意之后的牢骚话,骨子里还是忘不了功名,他还想着"富贵岂由人,时会高志须酬"(柳永《如鱼水》)呢。所以,当他被皇帝黜落、"奉旨填词",长时间无所顾忌地纵游妓馆酒楼之后,他感到自己更加空虚、失落、孤独和悲哀!于是乎他的笔下就出现了这样的悲壮景象,真可谓不知何为暮雨、江天、清秋、霜风、关河、残照、红衰翠减。何为词人自己的形象?物我合一也。这景象烘托词人的情感，这景象又融进了词人的情感，这一个个意象又皆因词人的情感而成为意象，这意境又皆因这种种意象合力渲染而成。那一句"无语东流"，更是深蕴着词人的空虚、失落、孤独和悲哀。一切尽在无语之中，令读者深味不已。话再说回来，只有深入作品的创作背景，走进作者的心灵，用心体察、感受、思考和品悟作者所要表达的思想情感，才会有如此深入生命的赏析，才能赏析出这些艺术手法之妙。

三、教学生真用起来

读过唐诗宋词、元曲、清诗的人都会有这样一种感觉，那就是代有传承地化用。比如，王实甫的元杂剧剧本《西厢记》里的"淋漓襟袖啼红泪，比司马青衫更湿。伯劳东去燕西飞，未登程先问归期""遍人间烦恼填胸臆，量这些大小车儿如何载得起？"等几句，明显就有化用前人诗句的痕迹。其实，除了古典诗词，古今散文、小说中也常见这样的化用甚至直接引用。我们都是踩着前人文化的肩膀过来的，我们的文化骨髓里都自然存留着先辈们的文化基因。我们今天所讲的话语，所谈论的道理，谁敢保证都是前人没有讲到的？读书绝不仅仅是为了消遣，更是为了吸收、评判和运用。所谓的运用就是加以思辨、评判、消化和吸收，就是学以致用。就这一点而言，古诗词的学习和赏析也不能例外。这里要强调的是：我们教学生学习、赏析古典诗词，也不能仅仅停留在学习和赏析上，还要适当教学生化用或直接引用，用以建构他们自己的语言世界，并逐渐使自己获得发展和提升。为此，教师一定要在教学实践中做到：多举出些古人化用或引用前人诗

（词）句的实例，让学生充分地加以体验和感受；教学生思考、感悟古人的化用方法，在自己的写作、交际中用好古诗词经典名句；指导学生做个性化的理解、消化和吸收，真正形成个性化的文化和语言积淀；及时鼓励做得出色的同学，营造浓郁的化用古诗词的氛围，培养良好的习惯，不断提升学生的语言能力和精神文化素养。

现在，高考古诗词名句命题，仍是以命制上下句接龙式试题为主，央视诗词大赛也喜好这类上下句接龙式试题或辨别诗句的作者和年代等形式的试题，这都是比较机械的测试方式，与如何运用关系不大。然而这样命题却大力助推了一些教师死教、死练和死考，严重漠视学以致用，从而导致学生死学、死背，最终学得好的学生也不过成了严重缺乏运用能力的"掉书袋"式的人。这一点，我们必须要高度重视，并在教学实践中自觉矫正，教学生会学、会用、活学、活用。

四、教学生真写诗词

对一部分学生而言，写作古诗词可能会成为他们的终身爱好。这样看来，教学生写作古典诗词确实很有必要，也应该扎实地做好，比如可以安排选修课等。虽然对于大多数学生而言，将来就不一定会把写作古诗词作为终身爱好，但是我要强调的是，适度学学如何写作古典诗词，并有限地尝试着写上几首，这对他们真正读懂、赏析好古典诗词无疑是大有益处的，也会大大提升学生对古典诗词的品读、赏析和评价能力。

这里再补充强调一点，教学生真用和真写古典诗词，这一点在课标里均没有明文规定，但这绝不是我们无所作为的理由。古诗词教学要立意于学生的人生、生活和未来，要为学生修养身心、提高素养、提升境界和终身发展而有所作为。我们先做起来了，并且做好了，课标自然也就会关注了。

古诗文也是教文立人的鲜活"例子"

当前的中学古诗文教学确实表现出了严重的应试化倾向,可谓紧跟高考命题形式,急功近利,考什么就教什么,考到什么程度就教到什么程度。这是不争的事实,也确实到了非解决问题不可的时候了。二十多年来,我一直实践并研究"生活化语文",现已完成生活化语文课堂教学范式化研究。我认为,用生活化语文教学的理念来观照当前中学古诗文教学(尤其是高中),探寻矫治的途径和策略,应该是教学返本归真、走出误区的一种理想选择。

叶圣陶先生说"教材无非是个例子",意思是教一篇课文是为了让学生能够举一反三。古诗文教材也是如此。下面,我就结合自己的生活化语文教学实践谈几点体会和认识。

一、古诗文也是教学生养成良好习惯的"例子"

语文教学生活化,最重要的是培养学生的自觉和习惯,以最终达到让学生把语文学习当日子过的程度,并成为生活和生命的一部分,终生自觉、自主地坚持。自古以来,形成了公认的行之有效的语文学习的方法和良好习惯，如勾画、积累，联想、想象，体验、感受，思辨、点评，等等。掌握这些方法、培养这些好习惯，不仅有益于学生的语文学习，更有益于学生自主精神、独立人格的发育。古诗文教学过程中同样可以培养学生这样的好习惯，尤其是生活化了的古诗文教学。比如，教学《琵琶行》，教师可以指导学生自主勾画出自己容易写错的字词，积累自己认为特别精彩的诗句等。如勾画出别有"幽愁暗恨生"中的"幽"、"曲罢收拨当心画"中的"画"等词语，积累下"千呼万唤始出来，犹抱琵琶半遮面""同是天涯沦落人，相逢何必曾相识"等诗句。可以指导学生对"嘈嘈切切错杂弹，大珠小珠落玉盘"之类的诗句展开联想和想象，结合自己的欣赏音乐的经历，想象"大珠小珠落玉盘"的美妙情境和音响，以品味语言之美。可以指导学生调动自己的生命体验，深入品读"去来江口求空船，绕船月明江水寒""夜深忽梦少年事，梦啼红妆泪阑干"等诗句，引导他们走进琵琶女的内心世界，与她进行心灵对话，充分体验和感受她的孤独、寂寞和痛苦。还可以引导学生对"作为朝廷官员的白居易为什么会认为自己与琵琶女的命运很相似？""作者白居易为什么要写'琵琶女自述身世'一段？""'东船西舫悄无言，惟见江心秋月白'这两句诗有怎样的艺术魅力？"等问题进行思辨和点评。我的教学实践证明，这些事情学生往往很愿意做，做出来的效果也很好。初高中教材中类似的经典古诗文很多，都可以用来培养学生良好的语文学习习惯；同时，也培养了学生终身以之的语文素养，培养了他们勤于思考、善于思辨、独立自主的品格。

二、古诗文也是教学生悟得写作真谛的"例子"

品析任何文章,仅仅知道了文章写了什么又怎样写的,这还远远不到位,最高境界是必须要搞明白文章为什么要这样写,即为什么要这样遣词造句、布局谋篇、运招用技。

不妨再以白居易的《琵琶行》为例来加以说明。如"往往取酒还独倾"这句诗中的"倾"和"今夜闻君琵琶语"这句诗中的"语",就都很有味道。"倾"即往嘴里倒酒的意思。人什么时候会这样喝酒呢?非大喜即大悲。可见,一个"倾"字则传递出了诗人被贬出京师后的极度痛苦。再者,这个"倾"字的运用,绝不是为了押韵。至于那个"语"字本可以用"声"或"音"的,因为古体诗并不讲究严格的平仄,但是作者却选择了"语",意在强调琵琶女不是在弹奏琵琶,而是在向诗人倾诉自己浮沉、漂泊、悲惨的命运。这个"语"字的妙用,事关作者和琵琶女的情感世界,事关这首诗的思想主题,教学时不可不引导启发学生深入品味,仅仅给学生讲什么拟人修辞则是很不到位的。再有,这首词之所以要写"琵琶女自述身世"一段,就是为了对比出琵琶女命运的浮沉变幻、增加诗的厚度,加深对琵琶女的同情,也是为了节省笔墨,省得再去写诗人自己命运的浮沉变幻了。可见,这样的结构布局是蕴含着深意的,是很有味道的。至于"东船西舫悄无言,惟见江心秋月白"这两句诗,则更具有独特的艺术魅力。"东船西舫"上的人们以及那轮玉盘般的明月为什么都悄无声息了?甚至连江边的蛤蟆和草棵里的蚂蚱都不作声了。原来大家都在静静地听琵琶女的演奏。这正是一种绝妙的衬托,衬托琵琶乐曲之美以及琵琶女演奏技艺之高超。这样的赏析,不引导学生走进作者和作品主人公的生活,深入他们的心灵世界,不充分调动学生的生命体验则是很难品析深透而到位的。初高中语文教材中类似的经典古诗文很多,运用生活化教学策略教学生悟得作者这样写的理由和奥妙,应该是大有作为的。

总之,只有引导学生搞明白了"为什么",才有可能真正悟得为文之道,进而学会写作门道,提高写作水平。文言文都是千古名篇,充分利用好这个教学资源,更有益于引领学生悟得写作真谛,自然无痕地发育自己的写作素养。

三、古诗文也是教学生掌握学习钥匙的"例子"

佳文妙章浩如烟海,一辈子也读不完、学不完。常言道:会看的看门道,不会看的看热闹。语文老师的本事就是教学生会读会写、会听会表达、会赏析会评判,其中最核心的是会读会写。要把语文学习的钥匙教给学生,让他们终身倚之,一辈子受益,而要实现这一教学境界的最基本的抓手就是教读好这一篇篇课文。经典文言课文都是千年流传下来的精华作品,更具典范性,更可以做这样的抓手。众所周知,语文能力一般包括识记、理解、分析、归纳、读写、鉴赏等。我们可以毫不夸张地讲,这任何一种能力的培养都有规律可循,都可以把相关的"钥匙"教给学生。我只想强调,课本中经典古诗文范例很多,我们应该充分利用好这些"例子",教学生由课本到生活、再由生活反观课本,不断地去体验、感受、思考和感悟,逐渐掌握打开语文大门的一把把钥匙。在某种程度上讲,语文教学的过程就是扎扎实实、实实在在地教给学生钥匙的过程,就是要把学生培养成入得语文门径、具有较高素养、会用语文眼光看世界的语文人。

四、古诗文也是教学生美丽自己人生的"例子"

1978年,叶圣陶先生曾讲:"我又曾想,能不能从小学高年级起,就使学生养成写日记的习惯呢?或者不写日记,能不能养成写笔记的习惯呢?凡是干的、玩的、想的,觉得有意思就记。一句两句也可以,几百个字也可以,不勉强拉长,也不硬要缩短。总之实事求是,说老实话,对自己负责。这样的习惯如何养成,我说不出方法和程序来。我总觉得抽看学生的日记本或笔记本,给他们一些必要的指点就可以了。"我认为,造成学生作文无话可说、思想低幼、俗不可耐的主要原因就是我们的语文教学急功近利,钻进了只重视中考、高考应试技能的培养,不重视学生语文能力和人文精神培养的死胡同。试想,学生都一旦被圈养起来了,整天只晓得听课、解题、考试、训练,不读有益的书籍报刊,不看有益的影视节目,更谈不上留心观察社会生活,又怎么能写出文质兼美、思想深刻的好作文!为了尽可能摆脱这种尴尬,不妨我们就按照叶老所讲的去做。经典古诗文都是几千年来淘漉下来的精品,都蕴含着丰富的精神营养,闪耀着夺目的艺术光辉。一句话,对学生的思想发育、人格健全、素质提高等都是十分有益的。所以,古诗文同样也是美丽学生人生的"例子"。学生可以摘抄诗文名段佳句,可以深品艺术之美,可以思辨和点评。只要长期坚持做实、做好这种"名句摘抄+辨析点评"式历练,就肯定会逐渐地陶冶其情操，发育其素养，提升其品位，美丽其人生。

综上，我认为，古诗文也该是教文立人的鲜活"例子"，这样的认识对教学生学好语文、做成真人也十分重要。

教例与反思篇

目见耳闻，亦未必真

——《石钟山记》教例

第一课时

学生了解作者及课文写作背景，诵读课文；师生一起疏通文字和文言语法障碍，学生自译课文，初步把握课文的思想内容。

第二课时

师：这节课我们继续学习苏东坡的《石钟山记》，学习主要目标有两个。

（展示学习目标：

1. 搞清楚这篇课文的结构层次；

2. 明确苏东坡的观点的价值和意义。）

（生做记录）

师：请同学们先自主朗读课文第三段，而后请同学说说这段写了什么。

（生自主朗读课文，思考问题。两分多钟。）

生1：写探明石钟山得名由来的感想，表明了作者的写作意图。

师：作者发出了怎样的感想呢？

生2："事不目见耳闻，而臆断其有无，可乎？"

师：用自己的话来说说。

生2：事情不亲眼看见亲耳听到，就不能够主观臆断它到底有还是没有。

师：那么，石钟山的得名肯定有正确的说法。这个我们先放一放，先探究一下这个问题吧。作者认为，正确说法没有流传下来的原因有哪些？谁来说说？

生3：作者认为原因有两个：一是郦道元的说法虽正确但失之于不详；二是士大夫虽能为文记之，但却不肯做实地考察。

师：似乎还有，谁来补充一下？

生4："渔工水师"虽知道而不能为文记之。

师：很好。所以，苏东坡就主张必须要深入实地去考察，必须得"目见耳闻"。

下面，请同学们做课堂笔记，整理出石钟山得名的正确说法以及没有流传下来的原因。一共三条，尽量用自己的话简明表述。

（生做课堂笔记）

师（展示优秀笔记，略）：那么，作者探求这三个原因的意图是什么？

生5：为了表达自己的见解正确呗。

师：对。其实，关于石钟山得名的来由前人是有所表述的。作者苏轼就提到了两位，都是谁呀？

生5：郦道元和李渤。

师：作者苏东坡对郦道元和李渤这两个人的观点是怎么看的？

生5:"盖叹郦元之简,而笑李渤之陋也。"

师:很好。请同学们再想想,"叹"和"笑"有什么意味?

生6:"叹"是"感叹""叹惜"的意思,"笑"是"嘲笑"的意思。

师:用词的意味不同。为什么会这样呢?

生6:不一样的用词,表明了作者对两个人的不同态度。对郦道元是比较认可的,对李渤是彻底否定的。

师:对,这就是在讲作者的写作意图。我们从哪个词可以读出来呢?

生6:是以。

师:是以。怎么解释?

生6:就是"以是",是"因此"的意思。

师:这就说明石钟山得名的缘由一共该有几个?

生6:两个。

师:你怎么看出来的?

生6:课文的第一段就提到了,"郦元以为下临深潭,微风鼓浪,水石相搏,声如洪钟","至唐李渤始访其遗踪,得双石于潭上,扣而聆之,南声函胡,北音清越,桴止响腾,余韵徐歇。自以为得之矣"。

师:很好。请同学们再朗读课文第一段,同时思考问题:这一段写了什么?

生7:提出石钟山得名由来的两种说法以及作者对这两种说法的怀疑态度。

师:这两种说法我们不再重复了。作者对两个人的态度到底是怎样的呢？

生7：对郦道元的说法比较认可，但还是表示怀疑。

师：理由呢？

生7："今以钟磬置水中，虽大风浪不能鸣也，而况石乎！"

师：用自己的白话讲。

生7：如果现在把钟磬放在水中，即使大风大浪也不能使它发出声响，何况是石头呢？

师：好！那么，对李渤的说法呢？

生7：更是表示怀疑。

师：理由？

生7："石之铿然有声音，所在皆是也，而此独以钟名，何哉？"

师：也用自己的白话说说。

生7：能发出铿锵声音的山石，到处都是，可是唯独这座山用钟来命名，这又是为什么呢？从语气上就可以感受到，前者程度轻，后者程度更重。

师：好。确实从句子语气上就可以感受得到。请同学们自主诵读"今以钟磬置水中，……而此独以钟名，何哉？"这几句，用心感受一下语气的强弱程度。

（生诵读）

师：请同学们再诵读"……而此独以钟名，何哉？""……而况石乎！"这几句，再用心感受一下。

（生诵读）

师：谁来说说感受？

生8：我认为，"……而此独以钟名，何哉？"这几句的确语气更强烈，所以不满意的程度也更强。

师：谁能具体说说？

生9："……而况石乎！"后面用的感叹号，只是一种慨叹语气，"……而此独以钟名，何哉？"则用的是问号，尤其是"何哉？"单独提出来发问，所以语气就更强烈。这也就是说，作者怀疑和否定的程度更重了。

师：作者的这种不同程度的怀疑，在课文第一段中还有两个词已经明确地表示出来了，哪位同学能说说？

生10："人常疑之"中的"常"和"余尤疑之"中的"尤"。

师：好。我再问问你，"尤"是什么意思？

生10：更加。说明苏轼对李渤的做法和结论更加怀疑。

师：对。这里"常"和"尤"与第三段中的哪两个字相呼应呢？谁来说说？

生11："叹郦元之简"中的"叹"字和"笑李渤之陋"中的"笑"。

师：很好。这就叫伏笔照应。可见，第三段中的议论是紧扣第一、二段展开的。作者思维缜密，叙议结合的思路特清晰。这一点，同学们要好好学习。

（生在书上做旁批）

师：下面，请同学们默读课文第二段，同时思考：第二段写了什么？

生12：记叙作者实地考察，探明石钟山名字由来的经过。

师：很好。这一段记叙了苏轼考察石钟山的来龙去脉。谁能说说具体该分几个层次。

生13：我认为可以分两个层次。一是写父子访问寺僧，二是写父子月夜考察游石钟山的经过。

生14：我认为，"元丰七年六月丁丑……因得观所谓石钟者"这几句话还可以分出一个层次来。

师：怎么讲呢？

生14：这几句话应该是写探访石钟山的时间、同行者和缘由。

师：好！那我们就分这三层吧。请同学们做课堂笔记，整理出文章第二段的层意。

（生做课堂笔记，整理层意。）

（师展示优秀笔记，做小结。第二段的三层意思：1. 探访石钟山的时间、同行者和缘由；2. 写父子访问寺僧；3. 写父子月夜考察游石钟山的经过。）

师：不过，我还想再问问同学们：从文章结构上看，这一段肯定有承上启下的作用。但是，我要问的是：谁能说说这一段到底是怎样承上启下的？先说说是怎样承上的？

生15："有大石当中流，可坐百人，空中而多窍，与风水相吞吐，窾坎镗鞳之声，与向之噌吰者相应，如乐作焉"这几句描写与第一段中的"郦元以为下临深潭……声如洪钟"相呼应，但比郦道元的说法更具体。

师：哦，郦道元也认为是水冲击石头发出像钟磬一样的声音，只是没有实地考察，就简单、草率地做出了结论。

生15："寺僧使小童持斧……余固笑而不信也"这几句照应文章开头"至唐李渤始访其遗踪，得双石于潭上"。

生16："余固笑而不信也"照应"余尤疑之"。

师：很好。呼应非常紧密。"余固笑而不信也"中的"固"

怎么讲呢？

生16：只是，或仅仅是。

师：这个"笑"看似寻常，实则流露出了苏轼轻视李渤、坚持己见的自信态度。尤其是这个"固"字，看上去不起眼，实际上很是传神。好，咱们再探讨一下是怎样启下的。谁来说说？

生17：我认为，这几句话还埋下了伏笔，就是在为第三段的议论"而陋者乃以斧斤考击而求之，自以为得其实……而笑李渤之陋也"做伏笔，同时与文尾也密切呼应。

师：很好。看来同学们读得很认真。还有没有其他地方呢？谁再来说说？

生18：有。第二段中的"至暮夜月明，独与迈乘小舟，至绝壁下……又有若老人咳且笑于山谷中者"与第三段中的议论"士大夫终不肯以小舟夜泊绝壁之下，故莫能知"相呼应。

师：很好。谁还能补充？

生19：我认为，第二段中的"余方心动欲还，……与向之噌吰者相应，如乐作焉"这几句描写，也是对第三段中的"盖叹郦元之简"一句呼应。郦道元的说法过于笼统，是因为没有做具体考证。苏轼做了具体考察，所以才叹息郦道元的说法太简单。

师：很好！作者对两处声音的考察，极为细致深入，处处印证了第一段中郦道元的说法："微波入焉"和"与风水相吞吐"，分别照应"微风鼓浪"；"山下皆石穴罅……涵淡澎湃而为此也"和"大石当中流……空中而多窍"，分别照应"水石相激"；"噌吰如钟鼓不绝"和"窾坎镗鞳之声"，分别照应"声如洪钟"。这就充分说明，苏轼就是为了亲自考证郦说才"独与迈乘小舟，至绝壁下"的,以自己的"详"补正郦道元的"简",也为第三段叹惜郦说之"简"做好铺垫。

好了,我再问一个问题:"因笑谓迈曰:'汝识之乎?……古之人不余欺也。'"中的"笑"又有什么意味呢?谁来说说?

生20:确信后的自得,成功后的欣喜。

师:很好!不过,这几句中的"古之人不余欺也"也照应着第一段的"石之铿然有声音……而此独以钟名,何哉?"在作者看来,古人给石钟山命名所依据的就是他所亲自考察到的现象。所以,他非常高兴,十分得意,于是情不自禁地笑了。

不仅如此,其实,作者月夜里所考察到的现象,"渔工水师"也是能够发现的,但他们没有文化,不能够著述,所以没有使石钟山得名的真正原因流传下来。为此,作者在第三段中说"而渔工水师虽知而不能言,此世所以不传也"。这也是一种呼应。可见,本文的三个自然段前后紧密呼应,是浑然一体的。中间第二段的记叙和描写,既紧密呼应开头一段,又为最后一段发表感想和体会打实了铺垫,真可谓不可减一字一句!这里,我再多说几句,承上启下,这个词同学们都不陌生,可以说,简直就成了一句公用的套话。所以,在具体回答问题时,绝不能仅仅讲一句公话,一定要真正搞清楚究竟前承了什么、下启了什么,绝不能总是似是而非!总是似是而非、稀里糊涂的,那就什么也学不好了。

课下,请同学们结合课上所学写一段评析文字,分几点评析第二段的作用,就写到作业本上,字数不少于300字。

(生在作业本上记录作业题目)

师:下面,请同学们默读课文第三段(就是最后一段),

并用心琢磨这一段议论与第一、二两段的内在联系，学习作者这种叙作铺垫、叙议结合的写法，深刻体会课文第二段承上启下的特点。

（生默读，回忆前面所学，用心思考、琢磨。）

师：下面，请同学们用心梳理第三段的议论脉络，熟读成诵。

（生各自自主思考、梳理）

师：这一段的核心语句是哪一句？

生（齐声）："事不目见耳闻，而臆断其有无，可乎？"

师：对。这句话也是全文的结论。那么，"郦元之所见闻，殆与余同，而言之不详；士大夫终不肯以小舟夜泊绝壁之下，故莫能知；而渔工水师虽知而不能言"这几句中间的分号有什么作用？谁来说说？

生21：并列的作用。谈的是石钟山得名的真正缘由不为世人所知的三种原因。

师：就这三种原因吗？还有没有了？

（生无人能够回答）

师："而陋者乃以斧斤考击而求之，自以为得其实"，这也应该是一种情况，只是"李渤之陋"与水冲击石头无关而已，所以单独讲，与前三种与水有关的情况并提。可见，石钟山得名的真正缘由不为世人所知的原因应该有四个。同学们读书一定要深入，一定要用心。

（生沉默不语）

师："余是以记之，盖叹郦元之简，而笑李渤之陋也"这句中的"是以"有"因此"的意思。那么，请同学们说说，这个"此"

指代什么?

生(齐声):就是那四个原因。

师:好!正是在此基础上,作者有感而发,"盖叹郦元之简,而笑李渤之陋也",从而照应前文,紧紧地收住全文。

下面,就请同学们背诵课文第三段(最后一段)。

(生一齐背诵)

师:最后,我们再来探讨一个问题:苏轼认为,"事不目见耳闻"就不能"臆断其有无"。但据后人考察,苏轼通过自己的实地考察所得出的结论也不是正确的。有事实为证(播放课件):

> 余居湖口久,每冬日水落,则山下有洞门出焉。入之,其中透漏玲珑,乳石如天花散漫,垂垂欲落。途径蜿蜒如龙,峭壁上皆枯蛤黏着,俨然鳞甲。洞中宽敞,左右旁通,可容千人。……盖全山皆空,如钟覆地,故得钟名。上钟山亦中空。此两山皆当以形论,不当以声论。东坡当日,犹过其门而未入其室也。
>
> (俞樾《春在堂随笔》)

请问同学们,目见耳闻的东西就一定是真实的吗?

生(齐声):不一定。

师:我们能仅仅根据苏东坡到绝壁下考察这件事就认可"目见耳闻的东西也不一定是真实的东西"这个结论吗?

生22:好像还不能完全认可。

师:为什么呢?

生 22：俞樾《春在堂随笔》讲："东坡当日，犹过其门而未入其室也。"这意思是说，苏轼没有机会进入里面考察。如果他有机会进入里面考察，看到石钟山内部的真实形状，他也许就会改变说法的。

师：你的意思是，要想得到事实真相，还必须得亲自实践，也就是一定要"目见耳闻"。但是，当今社会里，往往会有很多假象，如有人甚至搞假广告、假新闻等，对此，同学们都是怎么看的呢？谁来说说？

生 22：我认为，这正好说明，我们目见耳闻的未必就都是真的。

生 23：我们目见耳闻的未必就都是真的，这话没错。尤其是在人为造假或我们的认知能力有限的条件下，我们所目见耳闻的东西有时也许就是假的，但要彻底辨明真假，还原事实真相，我看，恐怕我们还得去亲自实践，去亲自目见耳闻。

师：你讲得很有道理！为你鼓掌。

（生热烈鼓掌）

师：有首歌唱道："给我一双慧眼吧，让我把这个世界看得清清楚楚，明明白白，真真切切！"这种祈求是真诚的，但这种等靠老天开眼的心理则是不可取的，要想把这个世界看清楚、搞明白，唯有实践加探索。东坡先生没有进一步探索，这确实是个无奈的遗憾，但他所得出的结论应该是个永恒的真理，对指导我们的人生实践有着十分重要的价值。苏轼那种不迷信旧说，大胆质疑，敢于探索，并通过实践得出结论的精神，很值得我们传承和弘扬。世界上的万事万物都是千变万化的，而且在不断地发展变化着，在已知事物中可以找出未知的因素，对于已知事物的描述也不是尽善尽美的。胡适有句话："大胆怀疑，小心求证。"所以，对书本上的东西，对名人的观点，我们都不能把它看作一成不变的真理，我们一定要像苏轼那样敢于大胆质疑，但同时又细心地去探索和求证。

课后，请同学们围绕"'目见耳闻'与'断其有无'"这个话题，联系自己的思想实际写一篇思辨随笔。字数不少于600字。

下课。同学们，再见！

【教后感言】

这节课下来，分析课文第二段的情景久久浮于脑际，挥之不去。第二段到底写了几层意思？这几层意思又怎样概括出来，提炼到什么程度？问起来容易，学生回答起来真的不容易！这第二段共有三层意思，其中"探访石钟山的时间、同行者和缘由"中的"同行者""缘由"，"写父子月夜考察游石钟山的经过"中的"经过"等中心词，都是几经提示才概括出来的。说实话，学生回答这类问题时，往往不是概念不准就是啰唆或说半截话，实际操作起来真的很难，不真的与学生一起做一做是绝对体验不到这一点的。

还有一点，那就是第二段有承上启下的作用。说起承上启下，这一点学生一般都清楚，甚至都成了一句万能的套话。但是，第二段究竟是怎样承上启下的呢？要想清晰、到位地表述出来，这还真的不是一件容易的事。这节课，我们师生在这方面做了比较深入、具体的分析、探讨和提炼，应该说课堂效果还是不错的。

为此，我还专门布置了一道作业题：请同学们结合课上所学写一段评析文字，分几点评析第二段的作用，就写到作业本上，字数不少于300字。但是，从学生课下的作业情况看，效果仍不尽人意，有的同学表述思路仍不够清晰，有的同学举例不够精练，有的同学语句不够简明流畅。说实在的，这个问题课上已经做了充分的分析、研讨，并且还当场做了笔记，但是个别学生的课后作业还是不能令我满意。可见，实实在在地训练学生的语言思维能力十分重要，也特别难以实施。我们的语文课堂教学，在语言能力培养方面实效很差，从中可见一斑。现在，我们的一些语文课，基本不怎么重视引导学生概括层次大意了，即使有些教师做了，也大多是走个过场，大都是用屏幕展示现成的结论。这是很害学生的。因为，学生一辈子都离不开这种提取信息、提炼主旨、概括要点的能力。这些能力关乎学生未来的生活质量和发展前途。所以，我们还是要把课上得实在一些，真正培养学生的语文能力。现在的高考命题，考察概括、提炼能力的试题可谓年年都有，而且赋分很高。平时课堂上，老师如果不指导学生真刀真枪地体验、感受和训练，仅仅是铺天盖地进行所谓的高仿真模拟训练，又有什么效果呢？另一方面，高考得高分是次要的，更重要的是培养学生这种概括、提炼的能力。

令我印象深刻的还有一点，那就是学生竟然当堂把课文第三段（最后一段）背诵下来了。看来，引导学生用心梳理段落的文脉，抓住关键句，厘清语句间的内在联系，对学生背诵课文真的很重要。如果我没有引领学生们深入文脉地厘清作者的行文思路，就不可能会有这样的好效果。老师如果总是逼学生死记硬背，在引导学生如何深入文脉和厘清层次方面不进行认真指导，结果肯定会给学生造成很多痛苦，甚至导致学生厌学怕背。这一点，当谨记。

　　再说几句。我真的希望学生通过学习《石钟山记》这篇课文能把东坡先生这种敢于怀疑、实践求证的精神传承并弘扬下去。如果我们的教育只培养一些盲目顺从、光会做题的"奴隶"，那么，这对国家、民族还有学生自己都是有害的。语文教师必须要时刻准备着，在语文教学中培养学生思辨能力和创新品格！

深明大义,侠肝义胆

——《荆轲刺秦王》教例

第一课时

引导学生了解课文背景,诵读课文;师生一起疏通文字和文言语法障碍,初步把握课文的思想内容;学生凭借注释和工具书自译课文。

第二课时

师:这节课我们继续学习这篇课文。这节课的主要目标就是从对话描写、动作描写、神态描写以及侧面描写等入手分析主要人物荆轲,欣赏这个英雄形象,顺带也分析一下燕太子和秦王。

(展示学习目标:

从对话描写、动作描写、神态描写以及侧面描写等入手分析主要人物荆轲,欣赏这个英雄形象。)

(生做记录)

师:上节课,同学们了解了课文背景,也借助工具书及注释疏通了文字和文言语法障碍,了解了课文的思想内容,并厘清了全文的线索。现在,就先请一位同学来复述一下文章的内容。

（生复述课文内容，具体情况略。）

师：很好。复述得很完整，内容层次也比较清晰。如果你是导演，现在需要把你所复述的内容划分成四个场景，你将怎么划分呢？请同学们再读课文，都来试着划分一下，并分别用四个字给这四个场景起个名字，就像四幕剧本一样。

（生速读课文，思考并讨论，约五分钟。）

生1：太子危机、樊荆会面、易水送别、秦廷行刺

生2：太子问计、樊荆会面、易水诀别、刺杀秦王

生3：太子恐惧、樊荆相见、易水送行、廷刺秦王

…………

师：请同学们认真比较一下，看看保留哪四个题目更好一些？

生4：我认为，保留"太子问计"更好。这样会更符合具体情节，更准确；另外"易水诀别"更符合当时的情形，也更准确。

生5："秦廷行刺"应该保留下来，这四个字交代了行刺的行为和地点，但却没有说明结果；"刺杀秦王""廷刺秦王"等给人的感觉好像已经把秦王杀死了，实际上没刺到。

师：很好。看来，同学们都很用心思考、辨析了。（师板书：太子问计、樊荆会面、易水诀别、秦廷行刺）

师：现在，我们先来看第一个场景"太子问计"，思考问题：燕太子和荆轲给你留下了怎样的印象？

生6：燕太子很虚心，也很仁义；荆轲很有智慧，也很仗义。

师：说燕太子很虚心、仁义，荆轲很有智慧这都好理解，但要说荆轲很仗义，我一时还难以理解，请你说说理由。

生6：老师，荆轲心实口快，开口就说：如果没有您这番话，

我也已经打算向您请求赴秦国去行刺秦王了。这就说明荆轲很仗义。

师（作顿悟状）：噢，很好。那么，从荆轲这样的话中我们还能看到他性格的其他特点吗？

（生沉默）

师：还没等燕太子求他呢，他就已经打算行刺秦王了，甚至都想好了行动方案了，这表明了荆轲怎样的性格？

生7：很自信。

师：对，荆轲不仅很有智慧，很仗义，也很自信。（板书：荆轲：智慧、仗义、自信；燕太子：虚心、仁义。示意学生做课堂笔记。）

请同学们快速找到第二个场景"樊荆会面"，这个画面在课文的第几段？

生（齐声）：第三段。

师：请同学们先用心琢磨樊於期与荆轲各自所处的地位，揣度他们各自的心理，而后请同学来扮演角色朗读课文，模拟人物对话。

（生情感投入地进行角色朗读）

师（很满意）：很好。下面请同学们再来说说，荆轲是如何劝说樊於期的？

生8：荆轲问了樊於期三句话，一句比一句深入，动之以情，晓之以理，推心置腹，非常真诚，非常感人。

师：哦，哪三句话呢？请同学们齐读一下。

（生齐读）

师：××同学说荆轲的三句问话一句比一句深入，动之以情，晓之以理，非常真诚，非常感人。那么，我想请一位同学来讲讲，具体是怎么体现的。

生9：荆轲先是列举秦王的残暴，指出樊於期的困境，激起他对秦王的痛恨。接着说"今有一言，可以解燕国之患，而报将军之仇者，何如？"进一步激发樊於期报仇的欲望。再接下来，荆轲又讲道："愿得将军之首以献秦，秦王必喜而善见臣。臣左手把其袖，而右手揕其胸，然则将军之仇报，而燕国见陵之耻除矣。将军岂有意乎？"具体讲明自己来见樊将军的目的，就是希望献上樊将军的人头来接近并行刺秦王，以报仇雪恨。不先激起樊将军的仇恨，樊将军就不会对荆轲下面的话那么感兴趣，就不会那么急切地想知道这"一言"到底是什么内容，也不可能进一步激发起樊将军想报仇雪恨的强烈愿望。这时候，荆轲才和盘托出此行的目的，真可谓一环紧扣一环！假若荆轲一开始就和盘托出此行的目的，恐怕就不会有这种效果了。

师：看来，荆轲还真的很有劝说智慧。从这当中我们又可以看出荆轲是一个什么样的人？

生10：为人真诚，深明大义。

师：那樊於期呢？

生10：也深明大义，为人真诚。

师：很好。（接着板书：荆轲：为人诚恳，深明大义；樊於期：深明大义，为人真诚。示意学生做好课堂笔记。）作者是通过什么方法来刻画这两个人物形象的呢？

生（齐声）：对话。

师（板书：对话描写）：好。下面，我们接着分析第三个场景，在文中的哪段上呢？

生11："太子及宾客知其事者……于是荆轲遂就车而去，终已不顾"这一段。

师：请同学们默读一下，之后把眼睛闭上，好好想象一下。

（生默读，闭目想象。）

师：同学们的大脑中闪过了怎样的画面？有什么感觉？

生12：我好像看到了一群义士，人人白衣白帽，临江肃立，个个神情悲戚。

生13：我仿佛感受到了凄风阵阵，江水滔滔，一片凄清，透着寒意。

师：很好。那请问同学们，现场的气氛一直都那样凄凉吗？

生14：不是。有变化，逐渐由凄凉渐变到悲壮。高渐离击筑，又奏出慷慨羽声，义士们都瞪大眼睛，怒发冲冠，特别悲壮。

师：此时的歌声和音乐声起到了什么作用？

生15：烘托在场所有人的心情，渲染诀别的气氛。

师：不错，是诀别。燕太子和知道这件事的宾客们都穿白衣戴白帽来送行，这就意味着——

生（齐声）：诀别。

师：这回同学们对烘托该有较深的印象了吧？请同学们一起默读这一段，每个人都深入感受、体验一下什么是烘托。

（生默读。读完闭目体验、感受。）

师：请同学们再把这段齐读一遍，加深体验和感受。

（生齐读）

师：这样的场面，我们往往会联想到现实生活中怎样的场景？

生16：冬天，在殡仪馆里为逝者送行。

师：请你具体说说。

生16：有冷风，有白雪，有孝服，有哭泣，有哀乐，等等。这些东西都在渲染一种凄清、悲伤的气氛。人到了这样的环境中，都会很压抑和悲伤，就是想笑都笑不起来。

师：好。这就是烘托。同学们不必死记定义，一定要联系生活中活生生的现象来感悟和理解。语文知识领域有很多概念，像修辞和写法之类，都不必死记，而且死记下来也没有用。不能够联系生活深入体悟，即使死记住了，终究还是消化不了，也用不来。

请同学们再把这段齐读一遍，同时再用心感受一下烘托的力量。

（生齐读）

师：在这样的环境下，你认为荆轲会想些什么呢？请同学们都在书上做旁批，写下荆轲的内心所想。字数不超过一百个字。

（生都在默不作声地做旁批，约两分钟。）

师：下面，哪位同学来展示一下自己写的内容？

生17：荆轲想："我的朋友到哪里去了呢？是不想见我吗？是认为我这样做毫无意义吗？兄弟，都怪太子丹催得紧，我要守信义的，不能再等你了。这一去凶多吉少，说不定就再也见不到你了，可别怪我太绝情啊！唉，想什么呢，磨磨唧唧的，上路！"

生18：荆轲想："这个太子丹啊，也太小看人了。老子顶天立地，唾口唾沫都立根钉，焉是贪生怕死之辈！我这兄弟也是的，怎么就老是不回来呢？我现在可是上路了，这一去深入虎穴，不知能不能活着回来。人生在世，信义最重。兄弟，我这就上路了！"

生 19：荆轲想："这太子丹也太会演戏了。樊将军的脑袋是脑袋，我的脑袋就不是人头了？明明知道老子这一去就可能回不来了，还整天催我，害得我们兄弟都不能见上一面！这回，又这阵势来送我，呸，谁让我结交这么个主子了！他自私自利，我可不能无情无义啊！"

师：好！看来，同学们还是读懂荆轲了。时间有限，不请更多的同学展示自己课堂的练笔作业了，就请同学们课下多交流交流吧。

这回，同学们说说，荆轲究竟是一个什么样的人呢？

生 18：荆轲是一个非常深明大义，有侠肝义胆的英雄。

师：（板书：勇敢侠义。示意学生做课堂笔记。）很好。他高歌"风萧萧兮易水寒，壮士一去兮不复还！"歌罢"遂就车而去"，始终也没回头，真够勇敢够侠义的了。

不过，这里我们还要谈到两个人：一个是燕太子，一个是秦武阳。

请同学们先看看这一场景的前面的一些情节，看看燕太子是怎么表现的？谁来说说？

生 19：他先是为樊於期的死深感悲痛，趴在他的尸体上痛哭，最后无可奈何地收好他的头颅；不久，他又认为荆轲行动迟缓，怀疑荆轲改变了主意，于是又去催促荆轲快些上路。不仅如此，他还强迫说要先派秦武阳，结果遭到荆轲的斥责。

师：从中可以看出太子丹性格的另一面。太子丹又是一个怎样的人？谁来说说？

生17：自私。荆轲是为了燕国和他才去行刺秦王的，此一去很可能就不能活着回来了。他为了自己的利益，一点儿都不理解荆轲，竟担心荆轲改变想法。太子丹太自私了。

师：你怎么看出太子丹不理解荆轲呢？

生17：荆轲深知此一去凶多吉少，他在等一个好朋友一同去秦国。就这点儿要求，太子丹都不理解，还疑神疑鬼的。

师：太子丹不是很虚心、很仁义吗？你看，他虚心向荆轲问计，不忍心要樊於期的人头，还趴在樊於期的尸体上痛哭。这又该怎么看呢？

生17：人是很复杂的，说明他的性格是多重的。

生16：我不这么看。依我看，太子丹就是自私自利。他之所以对荆轲很客气，甚至荆轲斥责他，他都不作声，那都是为了自己的利益，都是为了保住自己做太子、做国王的地位。至于他不忍心看到樊於期人头落地，也是装给别人看的，是虚伪的表演。

生20：对，太子丹就是自私自利，骨子里都是这样的。他那些看似虚心、仁义的行为，只不过就是一种虚伪的表演罢了。所以，我认为，太子丹自私自利，特别虚伪。

师：你们说的都有道理，我也谈谈自己的看法吧。我认为，太子丹本质上是自私自利的，理由也不复杂，他心疼樊於期掉脑袋，难道他就不心疼荆轲掉脑袋吗？总的来说，他还是在为自己考虑。至于说他一点也没有慈悲恻隐之心，纯粹都是在虚伪地表演，我看还有待商量。当然，同学们也可以有自己独立的看法。至于每个人到底都怎样看待太子丹，还请同学们课后写篇周记《我看太子丹》,发表一下自己的看法,但要有理有据,不可感情用事。三五百字就可以了。同学们都愿意完成这份作业吗?

生(齐声):愿意!

师:下面再看看秦武阳。请一位同学说说他的表现。

生15:秦武阳是燕国著名的勇士,十二岁时就杀人,人们都不敢正眼看他。可是一见到秦王,他却吓得脸色煞白,浑身打哆嗦。看来,他也算不上真正的勇士。

师:就这么个冒牌货,还写他干什么呢?谁来说说?

生14:为了衬托秦王的凶暴。勇士秦武阳,年十二就敢杀人,人们都不敢正眼看他。可是,就是这样的一位勇士,看了秦始皇都哆嗦。这不就是想衬托出秦始皇更凶暴吗?

师:好。那么,荆轲打哆嗦了吗?

生(齐声):没有。

师:那说明荆轲怎么样?

生13:非常勇敢,沉得住气。

师:好。看来,写秦武阳就是为了衬托秦王,更是为了衬托谁呀?

生(大声齐喊):荆轲。

师:由这样的情境你会联想到生活中的什么现象?

生3:万绿丛中一点红。

生4:黑板上的一个白字。

生10:我怕我爸,我爸怕我妈,我妈最厉害。可以先讲我爸脾气多么霸道,再讲在我妈面前却成了小绵羊,最后讲我一点儿也不怕我妈。

生9：婚礼上的伴郎伴娘。

…………

师：好！看来，同学们都能够把握住衬托了。其实，衬托就是以次要角色衬托主要角色，越衬托主要角色越突出，一定得有主次；而烘托则仅仅是用某种事物、气象、声音等来烘托某种气氛、情绪、情感等，没有主次之说。

（生边听边做笔记）

师：下面，请同学们再看看最后一个场面，从中你又看到了怎样的荆轲？同时，也说说你对秦王的印象。

生8：荆轲有勇有谋，大义凛然。秦王在荆轲面前丑态百出，是个外强中干的冒牌货。

师：（板书：荆轲：有勇有谋；秦王：外强中干。示意学生做课堂笔记。）这里我插句话，"秦王还柱而走"中的"还"，该怎么解释啊？

生（齐声）：通"环"！

师：对，就是环绕的意思。如果通"绕"也可以的，只是字音离"还（读 huán）"太远了，专家们当初不肯这样解读。通假字都是专家猜出来的，同学们也可以大胆地猜。你们上初中时都学过《扁鹊见蔡桓公》这篇课文吧？

生（齐声）：学过。

师：那篇课文中有一句话："居十日，扁鹊望桓侯而还走。"同学们还记得不？

生（齐声）：记得！

师：那个"还"又怎么解释呢？哪位同学说说。

生7：老师说通"旋"，谐音通假字。

师：好。你记得很牢靠。如果老师不讲解，也不让你们看注释，只让你们自己猜想，谁能猜出这两个字是通假字？

生6：我能。

师：你怎么猜到的呢？

生6：老师，荆轲在后面拿着匕首追，秦王在前面跑，又拔不出剑来，就只能绕着大柱子跑了，也好用大柱子做掩护。扁鹊认为蔡桓公已经病入膏肓了，根本就无法治好了，所以远远望见他只能转身逃走，这转身就是旋转。

师（非常满意）：很好！其实，很多通假字都是因为按原字的意思来解释已经行不通了，于是专家们就猜想。像什么同音通假、谐音通假、形近通假等都是猜好之后取的名，本没有什么好神秘的，请同学们依据语境放胆猜读就是了。不仅通假字是这样的，就是一词多义现象也大都如此。如本文中的"函封，燕王拜送于庭，使使以闻大王"一句中的两个"使"意思就不一样，前一个解释成动词"派遣"，后一个解释成名词"使者"，这都是根据语境猜读出来的。谁还能在本文中找一个例子来说说？

生14："愿举国为内臣，比诸侯之列，给贡职如郡县""愿足下更虑之！"这两个句子中的"愿"就不是一个意思，前一个是"愿意"，后一个是"希望"。

师：很好！这个问题就探讨到这里。希望同学们以后能尽管先放开胆子去猜读，而后再找到注释或工具书来验证。这样，你们会学得很主动，也很有兴趣。要自主独立地去做好自己能做好的事，一来二去，你们的灵魂就站立起来了。

我们再回到以上四个场景中。我们对主人公荆轲和燕子丹、秦王、樊於期、秦武阳都已经有所了解。那么，请问同学们，我们之所以会对这些人物有比较深刻的印象，主要是通过什么来感受到的？也就是本文主要运用了哪些写法？谁来总结一下？

生13：对话描写、动作描写、神态描写、侧面衬托、写景烘托等。（师示意学生做课堂笔记）

（具体举例说明略）

师：荆轲刺秦王这一历史事件，历来众说纷纭，莫衷一是。同学们，你们对这一事件也肯定有自己的独到看法。下面，就请同学们利用下课前这五分钟左右的时间先简要发表一下自己的看法。课下再查阅有关资料，做更充分的准备，而后每人围绕这个主题写一篇思辨日记，题目自拟。本周五交上来。

下面，谁先来开头炮？

生12：我认为荆轲虽然有勇有谋，但他的选择是错误的。就是他真的刺杀了秦王，恐怕也难以拯救燕国必亡的命运。因为当时的秦国太强大了，燕国乃至六国灭亡那都是历史大趋势，是不可阻挡的。

生10：我不这么认为。拯救国家命运人人有责，荆轲深明大义，更不会袖手旁观。作为一个勇士，一个有名的刺客，他只能义不容辞地做这样的选择。哪怕最后死无葬身之地，也向秦王表示了抗争之意，死得其所。

生2：荆轲很自信，自信就难免自以为是，看不到问题的复杂性，拿生命去做赌注。岂不知即使真的杀了秦王，还会有新的秦王出来，甚至会更加凶狠地对待燕国，从而加速燕国灭亡。没有杀死秦王，那就对燕国更不利了。

师：同学们不愧是文科学生，还真的很有自己的想法。好了，时间到了，今天我们就讨论到这里。

下课。同学们，再见！

【教后感言】

这节课，教读下来感觉比较舒畅，想来主要得益于授课的思路清晰，环节步骤也比较紧凑。一开头，我要求学生像导演一样把课文划分为四个场景，这应该是这节课得以流畅行进的最佳启动方式。要想让一节课上得比较顺畅，预先精心设计一下启动和展开方式还是十分必要的。这样讲，是否就意味着这节课就没有什么疙疙瘩瘩的了？话还不能这样讲，事实上，学生还是遇到了一些障碍。

第一，给四个场景拟标题，至少有近一半的同学感到难度较大，完成的质量也不尽人意。这说明有较大一部分同学的概括和提炼能力还不够，尤其是概括、提炼记叙类文章的层意和段意。这一点很值得注意，今后上课还需要特别重视这个环节，以使学生能够真刀真枪地历练概括和提炼能力，切实体验其艰辛，享受成功的喜悦。

第二，虽然同学们对"在这样的环境下，你认为荆轲会想些什么呢？"这个问题都很感兴趣，但真正想象合理、表述生动且清楚的学生并不多，尤其是语言不够规范的学生很多。不少学生心里明白，就是说不清楚，或说不到点子上，或啰里啰唆。这又暴露了当下语文的通病，闹闹哄哄的，就是说不利索、讲不清楚，而且病句多多。语文教学的本务就是培养学生语言运用能力的。要落实好这一点，今后还需付出更多的努力，还需要在教学过程中融入更多的合理化训练。

第三，对"荆轲是一个怎样的人？"这个问题的讨论还不尽如人意。少数学生很积极，发言的质量也比较高，但大多数学生都还只是聆听，很少发言或插话。对于这个问题，不讲话就意味着思考得还不够成熟，或总是习惯于听别人的意见。又由于课堂时间有限，对这个问题讲解、引导还不够深入，这也是造成学生讨论、发言不尽如人意的一个重要原因。这种现象，以后的课堂上肯定还会发生，但如果准备得比较充分，相信效果一定会更好一些的。

当然，也有令我高兴的事。例如，通假字讲析那一部分，虽然是插入情节，但当时的热烈情境还是令我感到特别畅快。学生并不是不够聪明，关键要看老师怎么来导引。没有教不会的学生，只有不会教的老师。这话虽然有些偏激，但也确实有一定的道理。这节课在这个问题上，我就充分感受到了这一点。很多知识本来都是活的，我们却总是越教越死，找些名堂来让学生死记硬背，什么同音通假、谐音通假、形近通假、古今通假等（事实上远非这些概念）。真是不把学生教成书呆子、教成唯书唯上的"奴隶"绝不罢休！吾辈真的该洗心革面了！

最后，再啰唆几句。对荆轲刺秦王这一历史事件的思辨，肯定是无尽无休的，也一定是特别有益于学生自主思辨能力和独立人格的发育的。故此，我不仅安排学生课上进行思辨，还布置作业，要求学生课下写思辨日记。我认为，这种从课堂出发、课内外融通的训练形式，应该是训练学生思辨能力，发育他们自主精神、独立人格最务实的好形式。但是，有一点必须申明，我坚决反对在课上得不深不透，学生也没有比较深刻的体悟的情况下就进行思辨探究。因为，这种情形下的训练，只不过是一种形式主义，是十分有害的。

亭亭如盖的那棵枇杷树

——《项脊轩志》教例

第一课时

引导学生了解作者生平及其散文的艺术风格；引导学生诵读课文，师生一起疏通文字和文言语法障碍，初步把握课文的思想内容；学生依靠注释和工具书自译课文。

第二课时

师：同学们，今天这节课我们继续学习和赏析归有光的记事抒情散文《项脊轩志》。这节课的主要目标有两个。

（展示学习目标：

1. 把握作者归有光的"喜"与"悲"，搞清楚他究竟缘何而"喜"又为何而"悲"。

2. 感受并领略这篇散文的抒情艺术。）

（生做记录）

师：首先，请同学们再齐读课文，同时思考问题："然予居于此，多可喜，亦多可悲"这句话在文中起什么作用？

（生齐读课文，思考问题，约三分钟。）

生1：过渡。承上启下。前面承"喜"，后面启"悲"。

师：很好。那么"喜"从何来呢？请同学们再自由地阅读课文的第一段，自主地思考和品味。思考的问题是：归有光缘何而喜呢？

（生自由阅读课文，自主思考问题。）

生2：修葺以后，百年老屋更适宜居住，更令作者喜爱了。

师：你说老屋更适合人居住了，表现在哪些地方呢？

生2：屋顶不漏雨水了；光线更好了，屋子里亮堂了。周围种植兰桂竹木等，环境和景色也比以前好多了：白天这里非常寂静，小鸟不时来啄食，人来都不离去；三五之夜，明月半墙，桂影斑驳，风移影动，珊珊可爱。

师：好！那就请同学们概括一下，修葺的老屋有哪些改善？

生3：屋顶不漏雨水了，屋里光线好了，院子里的环境和景色更美了，更适宜人居住了。

师：很好。这样好的环境，归有光在这里只是居住吗？

生4：他要在这里读书的。

师：请你在课文里找出描写归有光读书时的样子的语句。

生4："借书满架，偃仰啸歌，冥然兀坐，万籁有声"。

师：好。一会儿高声吟诵，一会儿坐在那里静静地深思冥想。这时候四下里静悄悄的，只有他一个人，想读什么就读什么，想怎么读就怎么读，想静下来思考就静下来思考，真够逍遥自在的了，让人好生羡慕啊！同学们想想，这是不是作者"喜"的又一个理由呢？

生（齐声）：是！

师：好。那就做一下笔记，把作者"喜"的理由整理出来。

（生做课堂笔记）

（优秀笔记展示：

缘何而喜？

1. 屋顶不漏雨水了。

2. 屋里光线好了。

3. 院子里的环境和景色更美了，更适宜居住了。

4. 在这里读书很惬意、自在。）

师：下面，请同学们再齐读"余稍为修葺……珊珊可爱"这几句，再用心品一品作者归有光的"喜"。

（生齐读）

师：这一段中有两处叠字，就是"寂寂"和"珊珊"，读起来有怎样的感觉？

生5："珊珊"描写月下之树随风摇曳，非常可爱。

生6："寂寂"描写院子的寂静，好像比"寂静"更能突出环境的宁静、可爱。

师：是的。这种叠字不仅把环境和景物写得生动可爱，读起来更是音节和谐，别具美感。请同学们再美美地朗读"借书满架，偃仰啸歌，……风移影动，珊珊可爱"这几句，再来感受一下。

（生朗诵，体味语言的魅力。）

师：好！下面，再请同学们用心整体梳理一下课文第一段，理出语句间的内在逻辑层次。

（生默默梳理）

师：请一位同学说说是怎么梳理的。

生7:"项脊轩,旧南阁子也……日过午已昏"是第一层,是作者修葺老旧的项脊轩的理由。"余稍为修葺……珊珊可爱"这是第二层,是经作者修葺之后新项脊轩的景象。

师:好!不过,这第二层似乎还可以再分层。再请一位同学说说。

生8:是的。这一层还可以再分两层:"前辟四窗……室始洞然"这几句写修葺后室内的景象,变得亮堂了;"又杂植兰桂竹木于庭……风移影动,珊珊可爱"这几句写修葺后项脊轩院子里的情况。

师:好,你说这第二层写修葺后项脊轩院子里的情况,具体应该有几种情况?

生8:我看,应该是三种:"又杂植兰桂竹木于庭……亦遂增胜"这几句写在院子里种植兰桂竹木后院子的景象;"借书满架,偃仰啸歌,……小鸟时来啄食,人至不去"这几句写作者白天在院子里读书的景象;"三五之夜,……风移影动,珊珊可爱"写三五月明之夜院子景象的可爱。

师:好的,同学们就沿着这个思路,继续梳理第一段的文脉,一边梳理一遍,一边把层意写在书上。

(生默默梳理,静静地在书上做笔记,约三分钟。)

师:好了。下面,请同学们试着一齐背诵一下第一段。

(生一齐背诵。基本背诵下来了。)

师:这一段考纲上要求背诵,请同学课下继续背诵,直至背熟记牢。

接下来,我再问一个问题,归有光又因何而悲呢?请同学们默读课文的2—4自然段，同时思考这个问题。

（生默读课文，自主思考问题，约三分钟。）

生7：忆诸父分家，忆母亲，忆祖母，忆亡妻。一想起这些，作者就很伤心。

师：很好。那我们就看看作者是怎样表现他的"悲"的。请同学们齐读"先是……凡再变矣"这几句。

（生齐读）

师：谁来说说，哪个句子让你读着都跟着作者伤心？

生9："内外多置小门，墙往往而是"这句我读着很伤心。本来是一大家子，现在搞得里里外外很多小门，还到处是墙，原来的骨肉亲情都被墙给隔离起来了，读着我就心里堵得慌。

生10：我最闹心的是"东犬西吠，客逾庖而宴，鸡栖于厅"这几句。本来一大家子挺完整和谐的，现在到处鸡飞狗跳的，到处都乱糟糟的，真够闹心的了。

生11："庭中始为篱，已为墙，凡再变矣"这几句，我读着更伤心。开始嘛，诸父间还客气，用篱笆墙来隔离开自己的小家，后来就变成坚固的砖墙了，还变了几次，越变亲情越少了。读着都叫人伤心落泪。

师：很好。看来，同学们真的走进归有光的生活了，也深入了他的心灵，感触很深。由于每个人的具体感受都不尽相同，所以最感伤的语句也不尽相同，这很正常。不过，有一点我必须强调，这些句子，看似在平实地叙述和描写诸父分家后的情形，实则字里行间都蕴含着归有光的感伤，这种写法就叫叙事抒情。好的抒情往往是含而不露的，用真心写令人心动的真事，自然就真情动人了。

同学们在写记叙文时,可一定要好好学习作者的这种抒情方法。

(生点头,示意认可。)

师:这几句话,同学们读着都特别伤心,更何况亲历这些事情的作者了。他一定比我们还要伤心得多,可是却没有露出一个字。所有的伤心都蕴含在这看似很素朴的描写之中了。下面,谁来说说,在写记叙文方面作者给了我们怎样的启发?

生12:记叙故事,抒发情感,并不一定非得夹叙夹议,或在记叙的基础上抒情。有时,故事本身就足够感人了,因而也就没必要再廉价地抒情了,因为读这样的故事读者自会感动的。这种写法也给读者留下了想象感受、深入品味的空间。这一点很值得我们学习。

师:请同学们再自读这几句,用心品味,并翻译成现代汉语。

(生自读,用心品味,译文展示略。)

师:好。下面同学们自主阅读"家有老妪,尝居于此……如在昨日,令人长号不自禁"这一部分,找出最能打动你的细节。

(学生自主阅读,找最能打动自己的细节,约三分钟。)

生13:"汝姊在吾怀,呱呱而泣;娘以指叩门扉曰:'儿寒乎?欲食乎?'"这几句最能打动我。

师:请说说理由。

生13:这几句描述虽很普通、很平实,但却细腻生动地表现了母亲对孩子的慈爱之情。读来如见其人,如闻其声,真的让我很心酸,也感到很亲切。

师:是的。据有的资料讲,归有光的母亲一生有八个孩子,是一位非常辛苦的母亲。她可能实在照顾不了这个孩子了,但是她对这个没在身边的孩子仍牵肠挂肚,怕她冻坏了,饿着了,半夜三更还起来嘘寒问暖,"儿寒乎?欲食乎?"虽仅一言半语,却是一片慈母心肠。同学们都知道,归有光早年丧母。这样的生活细节,他听完奶妈的描述,想象母亲用手指轻轻叩打门扉,关心地询问,能不深深地感受到母亲对孩子的这种慈爱之情,能不伤心落泪吗?

生14:"一日,大母过余曰:'吾儿,久不见若影,何竟日默默在此,大类女郎也?'"这几句最能打动我。

师:请说说理由。

生14:这几句描述虽文字不多,但却很生动、细腻,写出了祖母对归有光的关爱和体贴,很传神,也很感人。

师:好。再请一位同学翻译一下这几句话。

生15:有一天,祖母来看我,说:"我的孩子,好久没有见到你的身影了。为什么整天默默地待在这里?真像个女孩子啊!"

师:好。不过,这里面的"吾儿",要结合语境来翻译,最好翻译成"我的孩儿"或"我的孙儿",这既能体现出祖母对作者的心疼、喜爱,也符合祖母的身份。"大类女郎也"这句中的"类"翻译成"像"没错,但"大"字却不能直接翻译成"特别""十分"之类,还是得回归语境,翻译成"真的"。这样一来,这几句最好译成:有一天,祖母来看我,说:"我的孩儿,好久没有见到你的身影了。为什么整天默默地待在这里?真的是像个女孩子啊!"

生16:我认为,"比去,以手阖门,自语曰:'吾家读书久不效,儿之成,则可待乎!'"这几句更生动感人。

师:说说理由。

生16：祖母离开了，轻轻用手把门关好，生怕影响了孙子读书，嘴里还自言自语的。读到这里，我就联想到我奶奶。她总是那么关心和体贴我，就和作者的奶奶一模一样。

师：好。有相似的经历，产生共鸣了。

生17：我认为，"顷之，持一象笏至，曰：'此吾祖太常公宣德间执此以朝，他日汝当用之！'"这几句最让我感动。我大表哥考上了清华大学，我外婆几次把大表哥在大学里的获奖证书拿给我看，激励我好好读书。每读到这里，我就特别感动。请看，就这么一个动作，就这么一句话，却把奶奶体贴、赞许、激励、期待孙子的复杂情感都写出来了。

师：你们说得都很好。读这篇散文，最感人的恐怕就是这些细节性文字了。这些文字很能撩我们的心，很能激起我们的联想，联想到自己的亲人，联想到亲情的温暖和美好。每个人的感触不一样，对句子的感受也就不太一样，这没什么奇怪的。归有光更是如此，瞻顾遗迹，如在昨日，满怀酸涩，长号不自禁。可见，细节性描写往往更能打动读者的心，还希望同学们留心自己的生活圈子，细心观察，用心感受。这样做，对我们写好作文，形成善良美好的品性都是十分有益的。

（生沉默，领悟。）

师：不过，这里我们还需再回顾一下归有光的生平（播放课件）：

归有光自幼饱读诗书，天资聪颖，9岁能文，但屡试不第，直到35岁才中举人，其后20余年，8次会试不第，会试是

3年一次的。直到60多岁才中进士，当了湖州长兴县县令。由于做官正直，不与上级官吏及地方豪绅同流合污，3年后被明升暗降为顺德府通判。后来在大学士高拱的保荐下做了南京太仆寺丞，但只做了一年就病死任上，终年66岁。

（生听一位同学读课件）

师：据研究资料，归有光23岁娶妻曹氏（也就是写《项脊轩志》之后5年），夫妻生活6年妻去世。再后2年，归有光久卧病无聊，就又让人重修南阁子，这时已经31岁了。再后来，归有光多在外不常住南阁子。有人研究，归有光补记《项脊轩志》应是他35岁中举人时，瞻顾遗迹，想到母亲，想到祖母，想想这么多年的读书求功名之苦，他怎能不长号、不自禁呢？

师：请同学们自读这一段，用心品味。

（生自读，品味。）

师：很好。下面请同学们齐读"余既为此志……今已亭亭如盖矣"这一部分，找出你最喜欢、最感动的细节。

（生齐读，找感人的细节，约两分钟。）

生6："从余问古事，或凭几学书"这句话很令我感动。

师：说说理由。

生6：妻子向丈夫询问一些古时趣事，丈夫手把手教妻子写字，多恩爱、多温馨的场面。可惜的是，现在却是人已不在而旧物依然，这就更令作者伤心了。

师：读者读到这里，也不能不跟着伤心。这样的生活体验，同学们都有吧？

生（齐声）：有！

师：哪位同学来说说？

生18：我奶奶去世了。每到老家看到她当年种下的那棵樱桃树，我就会想起小时候奶奶为我摘樱桃的情景，不禁伤心落泪。

生19：爷爷去世了，他用来听戏的小收音机还留在他当年住的房间里。我一播放戏剧节目，就特别想爷爷。小时候，在爷爷的关心下，我非常自由自在。

…………

师：睹物思人，不胜哀痛。还有没有对别的句子感受特深的同学？

生5："述诸小妹语曰：'闻姊家有阁子，且何谓阁子也？'"这几句我感受最深。

师：说说理由。

生5：我想，妻子一定是很自豪、很幸福地给她的小妹妹们讲"阁子"的故事的，不仅讲这个阁子的来历和变迁，还会讲到阁子里那个她深爱的人。小妹妹们听后，也一定会非常羡慕，张着嘴巴半天合不拢嘴，都在羡慕姐姐嫁了一个好郎君。（学生热烈鼓掌）

师：很好！看来，同学们的情商不低啊！新婚宴尔，幸福甜蜜。但是结婚6年，爱妻却离他而去。妻子的死，再一次给归有光带来沉重的打击。刚才已经讲了，才华横溢的归有光屡试不第，吃了那么多苦头，35岁才考上举人，他想起母亲，潸然泪下，想起祖母，长号不自禁。那么，他想起爱妻时又会怎样呢？课文里有表现他这种心情的语句吗？

生4："室坏不修"这一句应该是。

师：为什么？请具体说说。

生4：妻子死了，阁子破损了，归有光也无心情去修缮，这话特别含蓄地表达了他内心的极度哀伤。

师：物是人非事事休，良辰美景虚设，爱妻人已逝，作者心已冷灰。

生3："其后二年，余久卧病无聊"这话里应该有怀念妻子的伤感。

师：请具体说说。

生3：妻子已经去世两年了，他一直相思成疾，卧床不起，空虚无聊，这都是妻子的去世所造成的，字里行间都蕴含着作者的思念和感伤。

师：对。心灰意懒，甚至心已死，能不生病吗？

生1：我认为，"庭有枇杷树，吾妻死之年所手植也，今已亭亭如盖矣"这几句最能表现作者的情感。

师：请说说理由。

生1：人已经不在了，但树却一天天地在长大，睹物思人，物是人非，怎能不无限伤怀啊！

师：对。从妻子去世后，归有光的心情一直很糟糕。而今终于考取了举人，也算读书求功名有所成就了，而妻子却已不在人世了。只能看着院子里妻子亲手栽种的枇杷树，物是人非，怎能不让他有一种"此恨绵绵无绝期"之感呢？

现在，请同学们回顾一下我们这节课所学习和欣赏的内容，先总结一下归有光在这篇散文中到底表达了怎样的情感，也就是他"喜"的是什么？"悲"的又是什么？"喜"的方面我们前面已经做笔记了，接下来我们再做笔记，整理出归有光"悲"的原因。

（优秀笔记展示：

缘何而"悲"？

1. 诸父分家，亲情寡淡。

2. 母亲关爱，祖母体贴激励，而自己却没有功名。

3. 中年丧妻，物是人非，情意难忘。）

师：作者又是怎样表达这些情感的？他运用了哪些艺术手法？现在也请同学们回顾一下这堂课所学，做好课堂笔记。

（生做课堂笔记，师从旁适当提示。）

（优秀笔记展示：

1. 借景抒情，情景交融。

2. 细节描写，撩人情感。

3. 平实叙述，写事抒情。

4. 托物寄情，物我交融。）

师：树长，人已亡！物是，人却非！光阴飞逝，情意难忘。本就十分怀念，却偏要天天看见。这怎能不更增添了对亡妻的思念？再由对枇杷树的联想引发对亡妻的怀念，怎能不叫人黯然伤神？只说枇杷树在生长，不说后逝之人如何在苦苦思念，真可谓不言情而情无限，言有尽而意无穷，托物寄情，物我交融。

这节课就先上到这儿吧。下课。同学们，再见！

【教后感言】

这节课，我在有机融入作者资料方面颇费了一些心思。这些资料是课前发给学生呢，还是课堂上通过屏幕播放给学生呢？最后，我选择了一部分在课前发给学生，如归有光的生平叙述之类；另一部分在课堂上播放，如与本文有关的归有光的一些家事之类。我认为，课前发放的内容，有助于学生大致了解归有光；课上播放的内容，更能够适时促进学生与作者进行心灵对话，进而走进归有光的内心世界。生活化语文教学理念主张，一定要实现作者生活、课文生活和学生生活的融通互哺，以便真正学通悟透作者如此遣词造句、谋篇布局、运招用技的缘由。

"汝姊在吾怀，呱呱而泣；娘以指叩门扉曰：'儿寒乎？欲食乎？'"这几句平实的描写和叙述，生动地表现了母亲对孩子的慈爱之情，读来如见其人，如闻其声，真的很令人感动。但是，如果不及时链接归有光的一些家事，学生就不会那么感动。因为他们毕竟不是归有光本人，更何况心理特别敏感的学生毕竟是极少数。如果恰到好处地融入归有光早年丧母、其母一生生育了八个孩子等资料，让学生充分感受一个早年没妈的孩子的可怜，感受一个多子女的母亲的辛劳和牵肠挂肚，他们一定会更加感动，也就更能理解归有光为什么那么伤感于奶妈的这段话了。这节课的实践充分证明了这一点。

同理，"比去，以手阖门，自语曰：'吾家读书久不效，儿之成，则可待乎！'""顷之，持一象笏至，曰：'此吾祖太常公宣德间执此以朝，他日汝当用之！'"等描写也很能打动人心，这都需要教师引导学生深入归有光的家事，以便更深入地体验、感受、品析和领悟。鉴于此，我及时播放了归有光的生平：屡试不第，35岁才中举人，直到60多岁才中进士的身世。学生被深深打动了。

试想一想，归有光35岁中举人后补记《项脊轩志》时，他瞻顾遗迹，想到慈爱的母亲，想到祖母的关怀与激励，想到那么多年的读书求功名之苦，想到与爱妻共同生活的那段美好时光，怎能不"长号不自禁"呢？他又怎能不牢牢地把这些情节扎根在心里呢？这种深深扎根于作者内心的真实情节才是这篇文章最能打动人心的根本原因。不仅如此，还需调动学生的生活积累，引发他们去联想自己类似的经历。课堂上，有学生联想到了自己的奶奶、外婆，我深信他们的心里一定会更感动，体验、感受和领悟也更深刻，从而认识到写好动人的细节的重要性。

教学这篇课文，我们固然需引导学生细读课文中的一些细节性文字，以深入感受文字里蕴含着的作者的感伤，但是我们更应该引导学生走进作者的身世，了解他把奶妈的话记得这么清晰的缘由。这样一来，学生自然会更加同情归有光早年丧母的遭遇，自然也就更为作者的描写而感动了。这样的感动是更深一层的，也是更发自学生内心深处的。

接下来，再反思一下这节课的两个教学目标：1.把握作者的"喜"与"悲"，搞清楚他究竟缘何而"喜"又为何而"悲"；2.感受并领略这篇散文的抒情艺术。正因为第一个教学目标拟定得准确而简明，课堂上师生互动的思路才有了很好的突破口，教与学才得以厘清文脉，明晰而有效地向前推进。这样的教学，既有利于学生深入理解和把握课文段与段、句与句乃至词与词之间的内在联系，又有利于学生吃透课文的语言表达艺术之妙。第二个教学目标的关键词是"感受"和"领略"，所以这节课的教学重点就没有拟设在理解和把握这篇散文的抒情艺术上，仅仅是感受和领略而已。因此，在这节课的尾声里，我仅仅是要求学生回顾一下这堂课所学，进而整理出这篇散文的写作特点。通过回顾，学生整理出了四个特点：1. 借景抒情，情景交融；2. 细节描写，撩人情感；3. 平实叙述，写事抒情；4. 托物寄情，物我交融。这就足以说明，学生学懂了、悟得了。教学过程中，我并没有明确提及该如何品析和把握这篇散文的写作特色，但在师生互动的流程中却时时刻刻体现出来了。这可以说是一种"暗度陈仓"的好教法。

  这节课还有个意外收获，那就是学生基本上都能够把课文第一段背诵下来了。这应该得益于逐句逐字地深入梳理层次，用心琢磨句与句、词与词之间的内在联系。这样的教学，表面上在认真教学语言表达艺术，实则也有益于学生理解、记忆学习内容，真可谓一举多得。语文课堂教学要在有实效、讲效益上多下功夫，这就是一记妙招。

尽吾志，书写无悔人生
——《游褒禅山记》教例

第一课时

指导学生了解作者及写作背景，诵读课文；师生一起疏通文字和文言语法障碍；学生自译课文，初步把握课文的思想内容。

第二课时

师：这节课我们将在前一节课的基础上继续学习这篇课文，主要目标是理解和把握这篇课文在谋篇布局上的特点，尤其是要理解和把握作者这样谋篇布局的深意。

（展示学习目标：

理解和把握这篇课文在谋篇布局上的特点，尤其是理解和把握作者这样谋篇布局的深意。）

（生做记录）

师：下面，我们先抽查一下同学们上节课和课下自主翻译课文的效果。

（投影，出示四个典型的语句：

1.所谓华山洞者，以其乃华山之阳名之也。

2. 既其出，则或咎其欲出者，而余亦悔其随之，而不得极夫游之乐也。

3. 而世之奇伟、瑰怪、非常之观，常在于险远。

4. 后世之谬其传而莫能名者，何可胜道也哉！）

生1：前两句译文：

1. 人们所说的华山洞，因为它在华山南面而这样命名。

2. 我们出洞以后，就有人埋怨那主张退出的人，我也后悔跟他出来，而未能极尽游洞的乐趣。

生2：后两句译文：

3. 但是，世上奇妙雄伟、珍异奇特、非同寻常的景观，常常在那险阻、僻远、少有人至的地方。

4. 后世讹传而无人弄清其真相的事，哪能说得完呢？

师：同学们的翻译，整体上看还是不错的，但还是有几点需纠正一下。

第一句，后半句表示原因判断的意味还没有完全翻译出来。另外，"名之"还没有落实到位，完整的意思应该是"为之命名"，即"给它起的名字"。所以，全句最好这样翻译：人们所说的华山洞，是因为它在华山南面才这样给它起名字的。

第二句，在字字落实方面还有欠缺。比如，"欲"是"想要"的意思；"悔其"中的"其"应该用作宾格第一人称代词，指代"我自己"；"而不得"中的"而"有"结果"意味，表示语意上的前因后果；"极夫游之乐也"中的"夫"应作指示代词，翻译成"那"，就是指游褒禅山后洞这件事。所以，这几句最好翻译为：我们出洞以后，就有人埋怨那位想要退出去的人，我也后悔自己跟着他出来了，结果不能够极尽那游后洞的乐趣。

第三句：个别词语不够精准。比如，"瑰怪"应是"瑰丽、怪异"之意；"险远"即"地势险要、特别僻远"之意，自然人迹罕至的，故译文中的"少有人至"嫌啰唆，应删掉。这个句子最好翻译为：但是，世上奇妙雄伟、瑰丽怪异、非同寻常的景观，常常在那地势险要、特别僻远的地方。

第四句：这个句子的译文出入较大。"后世"指"后代的人们"；"谬其传"指"弄错了褒禅山名字的流传"，"谬"，形容词动化，即"弄错"；"而莫能名者"意思是"然而却不能够说明真相的现象"，"名"即说明，名词动化，"者"即"的现象"；"何可胜道"意思即"怎么能够说得尽"，"胜"即"尽，完"；"也哉"中的"也"表示肯定判断语气，"哉"表示判断语气。

说实话，同学们手头都有"中学古诗文翻译"之类的书。这书当然是用来学习的，但关键要看我们怎么来用，是照抄照搬还是以我为主地真学，这个问题一定要彻底解决。今天，这两位同学的译文作业，应该是没有按照老师要求去字字落实地用心翻译，很可能就是照搬一些译文书的，受害匪浅啊！如果老师今天不纠正一下，恐怕永远都得不到纠正了。假若考试考到这几句的翻译，也就只好等着扣分了。

当然，我这样讲绝不等于说文言文学习就直接等于文言语句翻译，但好的翻译对同学们理解课文肯定是有益的。这样吧，我今天的纠正就作为一个示范，请同学们课下字字落实地翻译课文第三段，即从"于是余有叹焉"到"此余之所得也！"再强调一句，绝不能照搬"中学古诗文翻译"之类的学习资料！

（生全体记下课后作业题目）

师：下面我们先一起来读课文的第三自然段。

（生齐读课文第三段）

师：这一段着重写了什么？谁来说说？

生（齐声）：游褒禅山的心得体会。

师：你们从哪儿看出来的？谁能说说？

生1：从"于是余有叹焉"这句话看出来的。

师："于是"怎么解释？

生1：应该是"因此"的意思。

师：表示承接上文，说明这段议论是因第二段的记叙而发的。那么，"焉"这个词又该怎么解释？

生1：应该是个兼词，就是您讲过的，有"于+此"的意思。

师：对。翻译成"对这件事"，表示作者对这件事有所感慨。

（生全体做笔记）

师：很好！再请同学们想想，"有叹"与第二段中的哪个字相呼应呢？

生（齐声）：悔。

师：好。那么，这个"叹"又具体指什么呢？请同学们思考。

生2：具体该指"非有志者不能至也"这句话。

师：也就是说，这句话是这篇游记的核心认识了。意思是无论做什么事情，都必须首先要有志。我这样理解，同学们认可吗？

生（齐声）：认可！

师：好。那么，只要一个人有志就能成功吗？

生（齐声）：不是的。

师：那么，在王安石看来他自己还需要什么条件呢？谁来说说？

生3：还需要有力量和外物。

师：很好！你读得很深入。那么，我还想问问：有了"志""力量"和"外物"就一定能成功吗？

生3：还需要"尽吾志"。

师："尽吾志也，而不能至者，可以无悔矣"。可见，尽心尽力地去追求自己的志向该是事业成功和理想实现的最重要的条件。那么，请同学们做课堂笔记，整理出一个人事业成功需要哪些条件？

（生做课堂笔记）

（优秀笔记展示：

1. 有志。

2. 有力。

3. 有外物相助。

4. 尽志。）

师（板书）：很显然，作者这样的认识是通过游褒禅山（主要是游后洞）的具体经历得来的。请问同学们，作者王安石能够得到这样的人生感悟，仅仅是因为游褒禅山吗？还有没有其他原因促使他产生这样的感悟呢？

生（齐声）：应该有。

师：（链接有关资料。投影。内容略。）哪位同学具体说说？

生4：我觉得，本文跟王安石变法有一定关系。当时，王安石虽然还没有开始变法，但他要进行变法，革除弊制的想法早就有了。他深知进行变法的阻力会很大，会遭到很多贵族士大夫的反对，但还是要坚持自己的志向，一旦实施变法就坚决进行到底。所以，他想到"志""力""物"和"尽吾志"。

师：很好！看来，你对有关背景资料做了自己的思考。好样的！其实，王安石就是想借这篇游记向世人表白自己坚定的志向。不然，他游褒禅山为什么会产生这样的想法呢？请同学们记住，任何人的某种感悟和认识都不会是凭空而来的。

下面，请同学们再用心默读"夫夷以近，则游者众……此予之所得也"这段话，同时思考它的行文思路。可以讨论。

（生默读，思考，有人在小声讨论，约三分钟。）

生5："夫夷以近，则游者众"这句话照应第二段中游"前洞"的情况，"险以远，则至者少。……故非有志者不能至也"这几句话承第二段中游后洞的情况。这是很自然的感想，也就很自然地得出了结论"故非有志者不能至也"。（师插话：有志就一定能达到吗？）所以，作者接着讲，仅仅"有志"还不够，还需要有力量，有外物相助，这就使作者的观点更严谨有力了，更令人信服了。

师：那么，是不是有了"志""力"和"物"相助就一定可以成就自己的事业和理想了呢？接下来，作者又进一步强调还必须要尽力地去追求自己的志向和理想。可见，这段话，作者是先承第二段谈了自己总的认识，而后再层层深入地思考，进一步谈到实现自己的志向所必备的条件，使自己的话严谨有力，无懈可击。这就是这段话的基本思路。

（师板书：有志，有力，有外物相助，尽志——成功的条件。

示意学生做笔记。）

（生做课堂笔记）

师：这段话说理层次清晰，层层为前提，层层推进，说理很严谨有力。请同学们默读一遍这一段，再深入感受和体会一下。

（生默读，感受和体会。）

师：请同学们再齐读一遍这一段，继续感受和体会。

（生齐读）

我想再问问大家：第二段内容有什么作用？

生（齐声）：铺垫。

师：请同学们试着背诵这一段。

（生基本能够背诵了）

师：好！那么，第二段为什么把游"前洞"的情况写得那么略？

生6：因为"前洞"地势很平，路也很近，游人很容易到，作者没什么感受。

师：这说明作者在选材上是很讲究的。他讲究什么？

生7：详略得当。

师：所记叙描写的事情要能为自己抒情和议论服务。没用的不写，关系不大的尽量少写或不写。

（生做笔记）

师：同学们都明白这个道理了，以后写游记之类的文章，可不要再看见什么就写什么了，一定要有所选择。王安石之所以把游后洞的情况写得那么详尽，就是在为后面的议论做准备。

下面，请同学们再思考，第三段作者是怎样紧扣第二段展开议论，来谈自己的游后之"得"的。

生8:"有志矣,不随以止也,然力不足者,亦不能至也",强调有"志"也要有"力";"有志与力,而又不随以怠,至于幽暗昏惑,而无物以相之,亦不能至也",又强调有"志"与"力"还不够,还要有"物"相助;"尽吾志也,而不能至者,可以无悔矣,其孰能讥之乎",强调只要尽志也就无悔了。

师:王安石这严谨的论证都是紧扣第二段所描述的游后洞情况展开的。不过,我还有一个问题:这第三段中的"古人之观于天地山川草木虫鱼鸟兽,往往有得,以其求思之深而无不在也"这句话好像与作者的"叹"——也就是他所强调的"志"关系不大,作者完全可以直接从"夫夷以近,则游者众,险以远,则至者少"写起,可不可以删掉这句话呢?

生9:真的好像关系不太大。但我还是觉得有必要写这句话。我说不好。

师:很好,你很诚实。请同学们再想想。

生9:删掉这句话,我就是感觉到意思上比较突兀,好像不那么连贯。

生10:这句话的意思好像是在说,古人就有这样一个传统,我也不可能例外,我也要像古人那样去深思。

师:对。这句话其实是个过渡,实际上表示作者的游而思是大有来头的。同学们可以用手指挡住这句话,好好感受一下:没有这句话到底行不行?

生11:我感觉,作者是在强调自己也像古人一样,游了褒禅山之后有所得,有所得就表达出来。

师:对。有了这句话就显得我王安石的话很有来头,就显得文意很自然、流畅。那么，作者的"有所得"究竟是指什么呢？

生12：就是这几句话："然力足以至焉，于人为可讥，而在己为有悔；尽吾志也而不能至者，可以无悔矣，其孰能讥之乎？"

师：好。不过，好像还不止这些。还应该有什么？课文里的哪句话？谁来说说？

生13：还有这句话："此所以学者不可以不深思而慎取之也。"

师：对。不过，这里我要再多说几句。王安石作为一位政治家，从小熟读儒家经典，仰慕孔孟，立志高远。他在政治上的改革不就是探寻险远之处的"奇伟、瑰怪"吗？当然，王安石深知，想要到达"险远"，首先需要立志，这是必备的主观条件。没有远大志向就永远到达不了理想的"险远"。王安石一生所追求的就是改变北宋"积贫积弱"的局面，要经世致用，有所作为。本文所表达的"志"与他的人生追求是高度吻合的，也构成了他后来实施变法的思想基础。

后来，在变法改革中，王安石也确实尽心尽力了，但宋神宗死后，不满十岁的哲宗继位，大权落在太后高氏手中。高太后对变法早就不满了，她执政后，起用司马光为首的保守派，于是王安石失去了"外物"的相助，于是变法就失败了，可见，有"物以相之"，对"尽吾志"是多么重要啊！同学们都希望有一个美好的未来，但这个美好未来绝不是单枪匹马所能创造出来的，仅仅靠"尽吾志"与"力"还很不够，尤其是在我们这个特别需要与"外物"密切合作的信息时代。学这篇课文，同学们能在这一点上有一个深刻的认识也就足够了。

下面，请同学们再思考问题：课文的第一段在介绍褒禅山的来由时提到一块刻有"花山"二字、但"其文漫灭"的石碑,第四段作者就此发表感慨,认为"又以悲夫古书之不存,后世之谬其传莫能名者,何可胜道也哉!",接着还指出了造成这种后果的原因,是"学者不可以不深思而慎取之也"。这下,问题就来了。如果这几句话仅仅是对那块石碑发表看法,那么这与作者的核心认识"尽吾志也,而不能至者,可以无悔矣"又有什么关系呢?如果没有关系,王安石又为什么在第一和第四段专门要提到这块石碑,且前后呼应表达感慨呢?请同学们认真思考,也可以讨论,一会儿请你们回答问题。

(生看课文,思考问题;有的在小声讨论,约三分钟。)

生14:我认为作者王安石的话里还有话,但具体是什么意思,我说不出来。

生15:我认为,王安石很可能是在表达一种希望,希望人们要搞清事实的真面目,不要让错误的思想认识流传下去,就像后代人弄错了"花山"的读音而不能说明真相,以讹传讹一样。反正他的话应该是有深意的,我说不太清楚。

师:看来,这个问题真的太难了,也难为同学们了。其实,描写这块"仆碑",并对它发表感慨,还告诫"学者不可以不深思而慎取之也",这都是作者精心安排的,也都是有其深意的。同学们都知道,中国向来就有"成者王侯,败者寇"的说法。王安石一直主张变法,但变法毕竟意味着挑战保守势力,挑战既得利益的权贵阶层,很难说就一定能成功。一旦将来的变法失败了(事实上,王安石后来的变法确实以失败告终),自己能否得到一个客观公正的评价呢?是否就会像那块"仆碑"一样,被历史永远地"漫灭其文"呢?被人们永远以讹传讹地"谬其传"呢?王安石的这种担心不是没有道理的。后来,变法失败后,不是就有仇视他的人极尽诬蔑他是"奸人"吗?他也确实成了后世毁誉交织、分歧最大、盖棺难定论的人物。可见,"学者不可以不深思而慎取之"这话里蕴含着多么令人惊心的深意啊!看来,对"仆碑"的描写和感慨,绝不是与作者的"尽吾志"没什么关系,而恰恰是弦外有音,关系重大!这感慨里面,包含着作者对改革变法之"志"将来很可能不被理解甚至还要遭污蔑的担忧!

常言道:闲笔不闲。这看似漫不经心的闲笔,实际上恰恰是作者的精心安排,是蕴含着作者的深意的。不少文章都有这样的"闲笔",同学们一定要细读深品。当然,我的理解也只能算是一家之言,同学们课下可以自主探究,也许还能有自己新的看法。

下面,就请同学们把作者写"仆碑"的理由整理出来。

(生做课堂笔记。优秀笔记展示:

1. 担心时人和后人不能理解自己的变法理想。

2. 担心反对变法的人故意歪曲事实,栽赃诬陷,混淆视听。

3. 担心时人和后人不能给自己的变法以客观公正的评价。)

师:王安石一生力图济苍生,安社稷,主张"务在有补于世"。所以,本文也极可能是他借游记抒发自己的"别样情怀"。王安石的变法改革,毕竟意味着挑战传统,意味着与贵胄为敌,因而每迈出一步都要付出惨痛的代价。在变法的路上,王安石义无反顾地选择了艰难而孤独地"尽吾志",虽以失败告终,但却在我国历史上留下了声震长空的巨响。

最后,请让我用王安石的一句诗来结束这节课:"不畏浮云遮望眼，自缘身在最高层。"愿同学们都能志在高远，永不随波逐流，像王安石那样，坚定不移地"尽吾志"，书写好自己的无悔人生！

下课！同学们，再见！

【教后感言】

教读这篇课文最大的难点就在于对作者写"仆碑"用意的理解。传统的观点认为，这篇游记的主题是二元的：一者，事业成功须靠"尽吾志"；二者，感慨"古书之不存，后世之谬其传莫能名"。这样解读，似乎还是说得过去的，但是若深入地想想，就不尽然了。王安石仅仅是在感慨"古书之不存，后世之谬其传莫能名"吗？真的就这么简单吗？我认为，假若真的是这样的话，那就说明文中关于"仆碑"的描述和议论是独立于事业成功须靠"尽吾志"这一主旨之外的，也就是说这两个主题是不大相关的——这应该是败笔。像王安石这样的大家，是不可能这样随意地制造败笔的。实际上，王安石对那块"仆碑"的感慨是有弦外之音的，是与事业成功须靠"尽吾志"这个主题相关联的。也就是说，这两个主题应该融通在一起。这个问题，一定要结合作者的生平来深入分析，否则是无法理解的。当然，王安石的生平（尤其是他实行变法的历史故事）学生虽然能够了解一点，但总的来说还是不够深入和全面。也正因为如此，我只好"唱独角戏"了，通过自己的讲授引导学生走进王安石的内心世界，理解他担忧后人不能够弄清历史真相，进而不能够正确评价他和他的改革事业的心情。学生理解了，这个难点也就顺利突破了。再者，事业成功须靠"尽吾志"与感慨"古书之不存，后世之谬其传莫能名"这两个主旨本就是不相容的，这应该是人们代代相因的一种误读，到我这里就不应该再以讹传讹了。

再进一步来看，描写这块"仆碑"，并对它发表感慨，还告诫"学者不可以不深思而慎取之也"，这都是作者精心安排的，也都是有其深意的。王安石一直主张变法，但变法毕竟意味着挑战保守势力，挑战既得利益的权贵阶层，很难说就一定能成功。一旦将来的变法失败了（事实上，王安石后来的变法确实以失败告终），自己能否得到一个客观公正的评价呢？是否就会像那块"仆碑"一样，被历史永远地"漫灭其文"呢？被人们永远以讹传讹地"谬其传"呢？可见，王安石说出"学者不可以不深思而慎取之"这句话里面确实有弦外之音，确实蕴含着令人惊心的深意！闲笔不闲！其实，不少文章都有这样的"闲笔"，教师一定要用心教学生识得这闲笔的弦外之音。不用心教学生，学生就很可能学不会独立去领悟这弦外之音，也就很可能会一辈子都在这一点上欠账。因此，这堂课对"仆碑"一段的讲解，十分必要。总之，必须教师唱"独角戏"时，就一定主动唱好，绝不要担心人家批你讲得多。

再有，这堂课一开始，我检测第一节课留下的作业（即翻译四个文言语句）。本以为会比较顺利，可谁知学生的翻译竟不够到位，于是，我不得不一句一句地纠正。虽然高中文言文教学的目的绝不等于把课文翻译好，但教学生逐字逐句地翻译好课文，这毕竟也是在扎实训练学生的文言基本功，是必须要过的一关。

说实话，学生手里都有名为"中学文言文翻译"之类的学辅书，故遇到翻译重点语句之类的作业，他们往往就照搬书上现成的东西。这类书该不该买呢？显然是应该买的，作为学生自主学习的一个参考，也是十分必要的。但是，很多学生并不是用这类书来学习的，而仅仅是不管对错地直接照搬书上现成的东西，这就失去了购买这类书的意义。故此，我在纠正学生译文作业中的错误时，特别要求学生要像老师那样一字一句、字字落实地用心翻译，有疑难就去问老师或者工具书，而不是简单地照搬现成的，被动地应付作业。书买了就得用，最关键的是要指导他们主动地用好，进而自主自力地学好。这不仅是对真学习的回归，更有益于培育学生诚信、自觉、自强、自立的精神品格。

一节课把课文背诵下来

——《阿房宫赋》教例

第一课时

学生了解作者及写作背景，诵读课文；师生一起疏通文字和文言语法障碍；学生自译课文，初步把握课文的思想内容。

第二课时

师：同学们好！今天这节课我们一起来欣赏晚唐杰出的诗人、颇负盛名的文学家杜牧的《阿房宫赋》。（板书：《阿房宫赋》杜牧）上一节课，同学们学习了这篇课文，扫除了文字障碍，大致疏通了文意，还初步翻译了课文的重点语句，复习了有关"赋"的知识。今天，我们就一道来欣赏《阿房宫赋》的结构之妙、语言之美。在欣赏的同时，我们还有一个刚性目标，那就是把这篇课文背诵下来！同学们，有没有信心啊？

（展示学习目标：

1. 欣赏《阿房宫赋》的结构之妙、语言之美。

2. 背诵这篇课文。）

生（声音不大）：有。

师：有没有？

生（声音仍不很大）：有。

师：看来信心不足。好吧，那我们就试试看。请同学们先默读课文第一段，思考：第一段写的是什么？是按照什么顺序写的？

生1：写的是阿房宫。写作顺序，我说不太好。好像是先写阿房宫的建成，写它的外部情况，而后写宫里的生活情景。

师：你说得很好！不是"好像"，真是这么写的。不过，还是应该概括得更简明到位一些。请同学们都来思考并概括，给一分钟时间。

生2：这一段写了阿房宫的建造时间以及它的宏大规模。

师：好。但是好像还不够全面。谁来补充一下？

生3：这一段还写了阿房宫的气势和宫内的奢华生活。

生4："五步一楼，十步一阁……盘盘焉，囷囷焉，蜂房水涡"这些句子写的应该是阿房宫楼阁的具体样子。

师：很好。下面，请用一句话概括第一段到底写了什么。

生5：写了阿房宫的建造时间、宏大规模、状貌、气势以及宫内奢华的生活。

师（示意生做笔记）：请同学们都思考、梳理一下，看看第一段究竟哪些语句分别写时间、规模、状貌、气势和宫内奢华的生活。

生6："六王毕……阿房出"写时间；"覆压三百余里，……流入宫墙"写规模和气势；"五步一楼，……不知西东"写状貌和气势；"歌台暖响……而气候不齐"写宫内奢华的生活。

师：很好。这下作者的写作思路就清晰了。请同学们再依照这个思路把第一段默读一遍，并用心琢磨和梳理文脉，争取铭记在心。

（生默读，用心琢磨。）

师：请同学们再把第一段一齐朗诵一遍。

（生一齐朗诵）

师："蠹不知乎几千万落"，真的会有那么多楼阁吗？卧波的长桥、行空的复道真的就成了腾空的长龙和天边的彩虹了吗？"一日之内，一宫之间"真的就会造成气候不齐吗？

生7：事实上是不会的。这些话都夸大了现实，是夸张手法。

师：作者为什么要运用夸张手法呢？

生8：作者痛恨秦王朝的荒淫奢侈，用夸张手法是为了更有力地嘲讽、抨击秦王朝的荒淫无度。

生9：也能够突出作者的不满和愤怒。

师：读者读了这样的语句会产生怎样的感受呢？

生10：对秦王朝荒淫无度的痛恨之情更强烈了。

师：好！其实，文中的某几句或某几段有什么作用，一般都要从文章本身（如思想主题、艺术表现力、写作手法、结构布局等角度）、作者的情感以及读者的情感等维度来着眼考虑。因为文章是作者写的，是写给读者看的，更是有其写作背景和意图，所以希望同学们一定要生活化、整体性地思考问题，进而做出比较全面、合理的回答。

（生默契地做笔记）

师：很好。可见，作家们都不是为运用修辞手法而运用的，都是有目的的，要么出于考虑如何突出作品内容和思想情感，要么出于考虑如何满足读者的情感和心理需求。为了说明这个问题，谁能再举几个曾学过的例子？并说说理由。

生11："飞流直下三千尺，疑是银河落九天。"（李白《望庐山瀑布》）这两句诗运用了比喻和夸张的修辞。既生动地突出了庐山瀑布的壮观，也表达了作者非常喜爱、十分惊异的心情。

生12："春天像小姑娘，花枝招展的，笑着走着。"（朱自清《春》）这句话运用了拟人的修辞，生动形象地写出了春天的美丽迷人，也突出了作者的喜爱之情。

师：很好。看来，同学们真的理解了。请同学们记住，今后再接触到什么修辞手法，千万不要只满足于"认得"，更要理解作者为什么非要运用这种修辞手法不可的缘由。为此，我们一定要深入文章内容、走进作者的内心世界去深刻理解。好了。请同学们把第一段背诵一遍。

（生背诵第一段，大多数都能背诵下来了。）

师：很好。不过，我对"长桥卧波，未云何龙？复道行空，不霁何虹？"这两句总是情有独钟，不仅因为这两句运用了比喻和夸张，很生动形象，更在于还运用了反问。哪位同学能说说，这反问中有怎样的意味？

生13：这两个反问，字面上是在问天气状况，实际上更突出了作者的情感，加深了读者的感受。

师：突出了作者怎样的情感？

生13：突出了作者对阿房宫的宏伟气势的惊叹。

师：这是赞美的惊叹吗？

生13：不是。

师：那是因什么而惊叹？

生13：因阿房宫太宏伟壮观了。

师：请同学们结合全文再想想，这极度惊叹里面还应该蕴含着作者怎样的情感？

生14：对秦王朝如此奢侈的不满和愤怒。

师：仅仅是对秦王朝的不满和愤怒吗？

生14：是在借秦王朝讽喻晚唐统治者。

师：好。同学们再思考：将"长桥卧波，未云何龙？复道行空，不霁何虹？"改为"未云何龙？长桥卧波；不霁何虹？复道行空。"好不好？

生（齐声）：不好。

师：为什么？

生15：前者是反问，语气更强烈，情感也更强烈；后者是设问，语气和情感都削弱了很多，不能够更强烈地表达出作者的思想情感。

生16：后者也不够押韵，与文章的整体韵律不够合拍。

师：很好！下面，我们就进入课文的第二、第三两段。这两段分别写了什么呢？请同学们一边默读，一边思考。

生10：第二段写秦宫里的荒淫生活。

生17：第三段写秦朝统治者的骄奢与挥霍。

师：好。请同学们再默读这两段，用心琢磨内容层次，而后用心梳理，理解，记忆，争取铭记在心里。

（生默读。约三分钟。）

师：第二段先写宫女们的身份、由来，接着写她们早晨起床后的生活片段,最后写她们的悲惨结局。这是严格按事理因果以及时间先后的逻辑来描述的。尤其是"明星荧荧,开妆镜也;绿云扰扰,梳晓鬟也;渭流涨腻,弃脂水也;烟斜雾横,焚椒兰也。雷霆乍惊,宫车过也;辘辘远听,杳不知其所之也"这几句,更是严格按照时间先后的顺序来描述的。请同学们一起来朗读一下这几句。

（生一起朗读）

师:我突然有了个想法,这几句若改写成"开妆镜也,明星荧荧;梳晓鬟也,绿云扰扰;弃脂水也,渭流涨腻;焚椒兰也,烟斜雾横。宫车过也,雷霆乍惊……"不更好吗?应该更符合事理因果的先后啊?举个例子,必须得先打开梳妆镜,才会有镜子多得如明星荧荧的结果呢!作者为什么没有这样运笔呢? ××来说说。

生9:我还没有思考好呢!

师:给同学们一分钟时间,用心琢磨琢磨,还可以讨论。

生9:我还是没有想好。

师:若把"像明亮的星星,荧荧闪烁,那是什么?那是宫女们在照镜子梳妆啊"改写成"宫女们在照镜子梳妆啊,她们手里的镜子像明亮的星星,荧荧闪烁",这会有什么不同?

生9:意思没有什么不同,但前面的句子好像对读者更有吸引力。

师:你的感觉没错。作者把"明星荧荧""绿云扰扰""烟斜雾横"等放在前面,就更突出了语言的表现力,进而更有力地表现了宫中生活的荒淫奢靡,也制造了悬疑,引起读者的注意,更能激发起读者对荒淫奢靡的统治者的不满，突出作品的思想主题。可见，作者在遣词造句时是非常用心的，是想让每个句子，甚至每个字词都站立起来，控诉秦统治者的荒淫和奢靡！看似寻常却暗藏奇崛。

下面，请同学们梳理一下第二段，看看到底可以分几个层次，每个层次又写了什么。

生10：大致可以分两个层次。第一层次，从"妃嫔媵嫱，王子皇孙，……有不见者，三十六年"，以下"燕赵之收藏，韩魏之经营……秦人视之，亦不甚惜"是第二层次。第一层写秦统治者的极度荒淫，第二层写秦统治者的极度奢靡。

生11：我认为，第一层中的"妃嫔媵嫱，王子皇孙，辞楼下殿，辇来于秦，朝歌夜弦，为秦宫人"这几句应该单拉出来做一层，是在交代"秦宫人"的由来。

师：好。这样划分更合理一些。下面，请同学们都默读第二段，同时用心梳理层次，深入琢磨和把握层次间和语句间的内在联系。

（生默读第二段）

师：请同学们齐读第二段，争取能背诵下来。

（生齐读课文第二段）

师：请同学们试着背诵课文第二段。

（生大多数可以背诵了）

师：请同学们默读课文第三段，同时梳理和琢磨这一段的层次。

（生默读课文第三段，梳理和琢磨层次。）

师：这一段可以分几个层次？哪位同学说说？

生7：我认为，"燕赵之收藏……倚叠如山"可以是一个层次，写六国统治者的疯狂掠夺；"一旦不能有……亦不甚惜"是另一个层次，写秦朝统治者的骄奢与挥霍。

师：很好。请同学们依照这个层次的思路再默读这一段，用心理解和记忆。

（生默读，理解并记忆。）

师："倚叠如山"运用比喻和夸张的手法，极写六国统治者的疯狂掠夺；"鼎铛玉石，金块珠砾，弃掷逦迤"也有夸张成分，更是写出了秦朝统治者的极度骄奢和挥霍。请同学们齐读课文第三段，要读出不满和愤怒的情感。

（生齐读课文第三段）

师：很好。读得很动情。下面请同学们试着把第三段背诵一遍。

（生背诵课文第三段，效果很好。）

师：下面，请同学们自主诵读课文第四段。同时思考：第四段写了什么？

（生自主诵读，思考问题。）

生12：批判和控诉秦朝统治者的荒淫奢侈，指出秦朝统治者极度骄奢的恶果。

师：很好。请同学们再默读第四段，自主琢磨、梳理内容层次。

（生默读，思考琢磨。）

生19：这一段中"嗟乎！一人之心……用之如泥沙！"这几句可以看作一个层次，承前文的议论，严厉批判秦朝统治者的极度骄奢；"使负栋之柱……多于市人之言语"应该是第二个层次，作者极力控诉秦朝统治者的荒淫奢侈；最后，"使天下之人……

可怜焦土"这几句,应该是第三个层次,作者无情地指出了秦朝统治者极度骄奢的恶果。

师:太好啦!把我要讲的话都说完了。这一段,既是对前文的总结,也是进一步议论和控诉秦朝统治者的荒淫与骄奢,更是想进一步突出这篇文章讽喻的主题,以引起晚唐统治者的高度关注。同时,也为文尾进一步议论、点明文章主旨作了厚实的过渡和铺垫。

请同学们做笔记,整理完这第四段的作用。

(生做笔记。优秀笔记展示:

第四段的作用:

1. 进一步突出这篇文章讽喻的主题,以引起晚唐统治者的高度关注;

2. 为文尾进一步议论、点明文章主旨作了厚实的过渡和铺垫;

3. 总结前面第一、第二段,在记叙描写的基础上进行议论,抒发感慨之情。)

师:下面,就请同学们再自主诵读一遍第四段,心里琢磨这些比喻句之间的逻辑联系。

(生朗诵课文第四段,心里琢磨。)

师:这一段中的"使负栋之柱,多于南亩之农夫……管弦呕哑,多于市人之言语"这几句,大家看出点儿门道没有?

(生沉默)

师:同学们可能不太熟悉盖房子的过程。盖房子要先立柱架梁,而后再钉椽子盖顶子铺瓦。等房子盖好后才会装饰,等装饰完工了才会入住来生活。这回同学们该明白这几句之间的内在逻辑顺序了吧?这就是来自现实生活的情理和逻辑,作者杜牧就是按照这个情理和逻辑来行文的。真是太高明了!请同学们再琢磨琢磨,而后把这几句快速背诵下来。

(生一起背诵这几句,效果很好。)

师:请同学们把第四段整体背诵一遍。

(生一起背诵,基本上背诵下来了。)

师:接下来,请同学们自主诵读课文第五段,同时思考这一段的说理层次。

(生自主诵读课文,思考说理层次。)

师:第五段到底是怎样说理的?哪位同学说一说?

生13:作者先指出六国和秦国的灭亡都是因为他们自己;接着做假设推理,指出六国和秦国本可以不亡的出路;最后讽喻晚唐统治者不要重蹈秦的覆辙。

师:第五段一开始就是"呜呼!灭六国者六国也,非秦也;族秦者秦也,非天下也"这几句慨叹。谁来说说,这几句慨叹有什么作用?

生14:强烈地表达作者的感慨。作者实在压抑不住了,强烈的感慨自然迸发出来了。

生15:强调六国和秦国灭亡的原因都是"不爱其人",不惜国力,荒淫无度。

师:再想一想,这几句话在说理脉络上有什么作用。

生16:这几句是对第一、二、三段的自然生发,也为后面的假设推理打下了基础。

师:好。思考得很全面。看来,这几句话的确很重要,绝不是可有可无的。请同学们整理这几句话的作用，做好笔记。

（生做课堂笔记。优秀笔记展示：

这几句话的作用：

1. 更强烈地表达作者的感慨；

2. 突出强调六国和秦国灭亡的原因都是"不爱其人"，不惜国力，荒淫无度；

3. 对第一、二、三段的自然生发，也为后面的假设推理打下了基础。）

师：请同学们再齐读一遍这几句话，进一步感受、体会、品味其表现力。

（生齐读、品味）

师：这几句改为"呜呼！灭六国者非秦也，族秦者非天下也"，意思上与原句子没什么差异，但作者却偏偏写成"呜呼！灭六国者六国也，非秦也；族秦者秦也，非天下也"。同学们再读一读，品味其特别意味，之后说说作者选择这种看似啰唆的语句的意图。

生7：更能突出六国和秦灭亡的原因是其自己。

生8：语句一顿一挫的，节奏感更强，因而更能突出作者的情感。

师：好。读者读起来好像也比改写后的语句更有感觉，到底是一种怎样的感觉？哪位同学再来说说？

生5：刚才××同学已经说了，这样的语句节奏感更强烈了。节奏感一强，就会增强对读者大脑神经的冲击力，因而读者也就感受更强烈，认识更深刻了。

师（非常满意）：很好！"使六国各爱其人，则足以拒秦"照应前面"灭六国者六国也，非秦也"；"使秦复爱六国之人……谁得而族灭也"照应前面的"族秦者秦也"。可见，作者论证之严谨。"秦人不暇自哀，而后人哀之"又紧承前面的对"秦"的假设，推理严密；"后人哀之……亦使后人而复哀后人也"又紧承前面的假设推理，自然推出这个结论，这充分显示了文章的逻辑力量。通读这一段，思路清晰，论证严谨，推理严密而有力，不禁让人拍案叫绝。写到这里，绽苞吐蕊，作者水到渠成地推出了本文的主旨和写作意图。

到此，我突然想问同学们，如果删掉第五段行不行？请同学们认真思考，也可以讨论。

（生思考，讨论。）

生4：老师，肯定不行。如果不写最后一段，就不能指明写此文的目的，也就达不到讽喻晚唐统治者的作用了。

师：很好。前四段无论是描述还是议论，其实都是作者的精心铺垫之笔。没有了这样的层层铺垫，最后的议论就不会那么有说服力；相反，若只写到第四段，本文的主旨和写作意图就不可能显现出来，那也会前功尽弃！如果这篇文章可以打100分，不写出第五段就只能打70分了。可见，卒章显志该有多么重要。好了，请同学们先把最后一段默读一遍，并用心琢磨其论证思路和层次。

（生默读最后一段，用心琢磨。）

师：请同学们再把第五段朗诵一遍。

（生一起朗诵）

师：请同学们把全文默读一遍，同时用心琢磨整篇文章的思路和层次。

（生默读，思考，约五分钟。）

师：请同学们一起背诵全文。

（生背诵）

师：一节课内，同学们硬是把课文背诵下来了，真是可喜可贺！我相信，同学们课下再加加班，就一定会背得更牢靠。世上无难事，只怕有心人。这节课，我们学了不少背诵的方法，请同学们课下趁热再整理好笔记，今后都用得上。

下课。同学们，再见！

【教后感言】

这节课的目标很明确，就是教学生把这篇课文背诵下来，同时欣赏课文的结构之严谨和语言之美妙。当然，不是说要背诵下来就一定能背诵下来的，教师必须得引导学生深刻理解课文的思想内容，尤其是要深入语言文字的"骨缝"，把握住语段和语句之间的内在联系，还要掌握一定的规律和方法。这节课，我引导学生把心思主要花在了这上面。有些说法可能并不符合所谓的常规，但我认为却是很符合生活情理的。比如，"使负栋之柱，多于南亩之农夫……管弦呕哑，多于市人之言语"这几句的记忆门道：盖房子要先立柱架梁，而后再钉椽子盖顶子铺瓦；等房子盖好后才会装饰，等装饰完工了才会入住来生活。这样的说法，似乎有点儿登不了大雅之堂，但却很符合现实生活情理和客观逻辑。说实话，杜牧就是严格按照这生活情理和客观逻辑来运笔行文的，绝不可倒着写一句，更不可漏掉一句。看来，艺术来自于生活且高于生活，这话何止适用于文章的叙事、描物和设境，同样适用于文章的遣词造句。

这节课下来，还有一点我印象极为深刻，那就是背诵课文绝不仅仅是简单化的多读，更重要的还在于多深入文脉，梳理和揣摩语段、语句乃至词语之间的内在关联。只有多深入文脉，进行梳理和揣摩，学生才有可能回归情理地吃透语段、语句乃至词语之间的内在关联，才有可能真正把课文内容逐段、逐句、逐字牢记在心。之所以最后学生基本上都能够把课文背诵下来，诀窍就在这里。

再有，用变换语句的形式来引导学生深刻理解语句的意思和表现力，这一点学生感觉比较新鲜，学习也比较有兴趣。如辨析这两种句式（具体指"明星荧荧，开妆镜也；绿云扰扰，梳晓鬟也；渭流涨腻，弃脂水也；烟斜雾横，焚椒兰也。雷霆乍惊，宫车过也……"和"开妆镜也，明星荧荧；梳晓鬟也，绿云扰扰；弃脂水也，渭流涨腻；焚椒兰也，烟斜雾横。宫车过也，雷霆乍惊……"）孰优孰劣时，课堂气氛就很热烈。同时，同学们确实也打开了思路，积极思辨，讲出了原句那么多的优势，这是我事先根本没有想到的！黄厚江老师曾讲：要按语文的方式教学语文。这个语文的方式，应该指语言表达的方式，至少是其一。从这堂课来看，按照这种语言表达方式生活化地来教学语文，还真是一条特有实效的出路。

当然，梳理每段的层次，提炼段意和层意，仍暴露出了学生在总结、概括和提炼能力上的不足。这节课在这方面仍很费气力，相信这样做也一定使学生获益匪浅。

　　总之,当堂把课文背诵下来的目标总算基本实现了,这是件了不起的事!当下的背诵教学动辄逼学生死记硬背。其实,就算是"死"背下来了,又能记多长时间呢?古诗文背诵也该返本归真了,以便让学生背得更愉悦、更深入、更扎实、更有效。

三人行必有我师

——《师说》教例

第一课时

学生了解作者及写作背景，诵读课文；师生一起疏通文字和文言语法障碍，学生自译课文，初步了解课文的思想观点和论证方法。

第二课时

师：同学们，上一节课我们已经了解了作者韩愈以及写这篇文章的背景，还把课文读了几遍，初步了解了课文的思想观点和论证方法，而且还初步自主翻译了课文。这节课我们进一步分析课文，把握文章的论证思路，同时争取背诵课文。

（展示学习目标：

1. 进一步分析课文，把握文章的论证思路。

2. 争取背诵课文。）

（生做记录）

师：下面，先请一位同学说说，这篇文章的中心观点是什么？

生1："古之学者必有师。"

师：好，是这句话。那么，为什么学习的人都必须要有老师呢？谁能再说说？

生2：因为老师可以传道、授业、解惑，因为人们都不可能生而知之，所以，人们都必须要有老师来教。

师：好。这么说，第一段首先亮出了作者的观点——"古之学者必有师"；同时，又交代了两个理由——老师可以传道、授业、解惑，人们都不是生而知之者。请在书上做笔记。

（生做笔记：

观点：古之学者必有师。

理由：1.老师可以传道、授业、解惑；2.人们都不是生而知之者。）

师：好。那接下来第一段还谈了什么呢？

生3：好像应该是在强调怎么看待老师。

师：不是好像，就应该是。作者怎么谈的？

生3：作者先谈了如何对待"生乎吾前"的先闻道者，接着谈如何对待"生乎吾后"的问道者，就是要"从而师之"。再接着谈自己这样做的理由，那就是"吾师道也"，就是"道之所存，师之所存"。

师：那具体应该怎么做呢？

生3：用韩愈的原话就是"无贵无贱，无长无少，道之所存，师之所存也"。就是说，谁有知识，谁掌握道理，谁能传道、授业、解惑，就拜谁为师。

师：好。那就请同学们概括一下第一段的段意。请大家思考，然后进行总结、概括。

（生思考、概括）

师：具体概括成了什么？哪位同学来说说？

生4：第一段提出了作者的观点，同时阐明了理由。

师：不错。还需要补充补充。谁来？

生5：第一段提出了作者的观点，同时阐明了理由以及择师的标准。

师：好。实际上，"是故无贵无贱，无长无少，道之所存，师之所存也"这几句，也是解决择师问题的一般标准。请同学们把第一段的段意整理出来。

（生做笔记，概括第一段段意。）

师：请同学们默读课文第一段，同时用心梳理内容层次，揣摩并把握语句间的内在联系。

（生默读、梳理、揣摩）

师：请同学们一齐再朗诵第一段，进一步思考其内容层次。

（生齐读课文，用心思考。）

师：请同学们试着背诵第一段。

（生自由背诵）

师：请同学们一齐背诵课文第一段。

（生基本背诵下来了）

师：其实，"生乎吾前，其闻道也固先乎吾……道之所存，师之所存也"这段文字也是可以单独成一段的，即把解决择师问题的一般标准单拉出来写。这样单独成段，在段落层次上也许更清晰一些。同学们怎样认为的呢？谁来说说？

生6：我也有同感，只是作者没有这样布局。

师：这倒无妨。作者也未必全都正确。当然，同学们也可以有不同的意见，只要你能够说出足以服人的理由。课下，同学们继续思辨这个问题，请就是否可以单独成段的问题写一篇思辨性读书笔记，各自谈谈自己的理由，就写到作业本上。字数嘛，有二三百字就够了。

（生记下作业题目）

师：作者已经提出了问题，又分析了问题，还指出了择师的标准，解决了问题。这样看来，文章就可以到此打住了，还有必要再写下去吗？干脆就把课文的二至四段删掉算了，可不可以呢？

生（齐声喊）：不可以！

师：不可以。可不是谁喊得响亮谁就有道理。同学们默读课文第二段，认真思考一下，为什么要写这段？可以讨论。

（学生默读、思考，有的讨论。）

生7：我认为，作者韩愈写这篇文章，目的并不在于论证"古之学者必有师"这个道理，而是担心人们已经忘了这个道理。

师：你讲得很有道理。你是怎么读出来的？能说说吗？

生7：第二段一开始作者就感叹，"嗟乎！师道之不传也久矣！欲人之无惑也难矣！"这"师道之不传"就是不传从师之道，就是一种不向老师学习道理的不良风气。作者是在说，这种不好的风气已经有很久了。

师：很好！看来你真的用心思考了。不过，这"师道之不传也久矣！"和"欲人之无惑也难矣！"诵读的时候要注意语意停顿的准确。请同学们想想，该怎么诵读呢？

生8:"师道之不传也/久矣!"和"欲人之无惑也/难矣!"

师:正确。"师道之不传也"指当时的一种社会现象,"也"表示肯定语气,"之"没有实际意义,就是为了舒缓语气的。读起来,同学们可以很惬意地晃头。

(生晃头诵读)

师:"欲人之无惑也/难矣!"这一句这样诵读的道理,谁来说说?

生8:"欲人之无惑也"表示一种愿景,"也"也表示肯定语气,"之"也没有实际意义,就是为了舒缓语气的。(生边说边晃头)

师:对了。那么,这两句在结构上的作用是——

生(齐声):承上启下。

师:韩愈话锋一转,回到现实,发出感慨。他为什么要在这第二段的开头发一通感慨呢?

生9:我认为,这感慨里面更多的是对现实的不满。他要揭露现实社会中的一些士大夫们对师道传统的破坏,告诫他们这样"耻学于师"是危害无穷的。

师:好!但是,我还是想问问:这"耻学于师"究竟会有什么危害呢?

生10:第二段先谈现在的一般人,本来就与圣人相差甚远,但却认为向老师学习很可耻,就不向老师学习,所以就更加愚蠢了。接着谈一些人给孩子找老师,而自己却认为向老师学习道理很可耻,因而造成只学了句读之类的小学问,却丢掉了疑惑不解的大道理的不良后果。最后谈一些士大夫,嘲笑"巫医乐师百工之人"相互拜师学习,而自己的智慧反而不及一般人。

师：好。下面就请同学们做课堂笔记，把××同学说的"耻学于师"的危害概括出来。

（生做课堂笔记）

（优秀笔记展示，"耻学于师"的危害：

1. 一些人本不如圣人却耻学于师，结果越来越愚蠢了。

2. 有的人为子择师而自己耻学于师，结果却学了小知识丢了疑惑不解的大道理。

3. 一些耻于相互求教的士大夫反而不如"巫医乐师百工之人"聪明了。）

师：其实，作者所谈到的这三种危害，恰恰是当时社会上的三种弊端。不过，在论证这三种弊端时，作者并没有简单地直指这三种社会弊端。请同学们再读一读第二段，看看作者究竟是怎样论证的。可以讨论。

（生默读第二段并思考。有的在小声交流。约三分钟。）

生11：老师，我还没有想好呢！

生12：老师，我有点儿朦朦胧胧的感觉，但说不太好。

生13：老师，应该是进行了对比论证。

师：对。请你具体说说。

生13：一共进行了三层对比：先是进行古人和今人向老师学习的态度的对比，得出了造成"圣益圣，愚益愚"的结论；接下来再将一些人对子女、对自己的不同要求和做法进行对比，得出"小学而大遗，吾未见其明也"的结论；最后将"巫医乐师百工之人"和"士大夫之族"对待学于师的态度进行对比，得出"今其智乃反不能及"的结论。

师（鼓掌）：你真的太棒了！

师：这样更具体地论证有些什么好处呢？哪位同学再说说。

生14：老师，这样论证会更有针对性。

师：对。这样论证是更有针对性。其实，当时社会上主要就是这三种严重弊端，作者是有感而发，有针对性地写这篇《师说》的。韩愈之所以要这样论证，就是要从不同层面来深入分析论证，指明不同层面的人的不同做法所造成的危害，这样会把不良风气及其危害谈得更全面，因而更有说服力。在具体论证时韩愈采取了对比分析论证的方法。请问同学们，这样的三次对比分析论证又有什么好处呢？

生14：能够更鲜明地指出危害性。

生15：能够给读者更深刻的印象。

生16：能够增强说服力。

师：好。说起给读者的印象更深，请同学们再读读第二段末尾几句，好好体会、感受一下。

（生自主诵读"巫医乐师百工之人，君子不齿，今其智乃反不能及，其可怪也欤！"）

师："其可怪也欤！"该怎么翻译更好一些？

生15：这不是很奇怪吗？

生17：我认为，应该加上"难道"一词，翻译成"这难道不是很奇怪吗？"

师：为什么呢？你能说说理由吗？

生17：这样翻译语气会更强烈一些，更有冲击力。

师：很好。翻译成反问句，就会更刺激读者的大脑，以引起

读者的注意,给读者更深刻的印象。诵读的时候,"也"字后要稍做语意停顿,"欤"要适当读升调。(师示范)

(生鼓掌)

师(很满意):你们说得很好。韩愈这三段议论就是三处对比论证,就是为了全方位切中时弊进行抨击。所批评和抨击的对象,有一般人,也有士大夫,涵盖了社会的各个阶层,可见时弊之广泛、之严重。这样的时弊,韩愈看在眼里,痛在心头,他是一定会指明危害,着力批判的。这样反复对比分析论证,无疑大大增强了文章的批判力和说服力。请同学们把第二段默读一遍,用心体会一下。同时做课堂笔记,整理出韩愈这样论证的理由。

(生默读课文第二段,用心体会,做课堂笔记。)

(优秀笔记展示,这样论证的理由:

1. 分析问题更全面深入,针对性更强。

2. 给读者的印象更明确、具体和深刻。

3. 三层对比分析论证,更增强了文章的批判性和说服力。)

师:请同学们默读课文第二段,用心梳理文脉,厘清层次,揣摩语句间的内在联系。

(生默读课文,梳理、揣摩。)

师:请同学们再齐读第二段,继续用心梳理和揣摩。

(生齐读,梳理、揣摩。)

师:请同学们试着一起背诵第二段。

(生一起背诵,基本可以背诵了。)

师:同学们,以后我们自己写议论文时,一定也要注意找准自己所针对的对象,进而从不同层面、不同角度来分析问题,这样一定会使你的论证更全面深刻,更有说服力。

(生自觉做笔记)

师:讲到这里,我又想起了一个问题:做什么事都得有个由头,韩愈写这篇文章也不例外。那么,韩愈写这篇文章的具体由头该是什么呢?

生18:我认为,应该是向老师学习道理的良好社会风气不存在了。

生19:我认为,应该是"李氏子蟠"能"行古道"的良好表现。

师:从大的社会现实来看,向老师学习道理的良好社会风气不复存在,确实应该是韩愈写这篇文章的一个由头;但从具体事件的角度来看,"李氏子蟠"能"行古道"的良好表现应该是具体的由头,写这篇文章就是为了鼓励他继续"行古道"。所以,第四段既交代了写作此文的具体由头,又很好地收束了全文,真的很重要啊!

不过,我还想请同学们思考问题:课文第三段好像与前面第一段"古之圣人,其出人也远矣,犹且从师而问焉"这句话的意思有点儿重复,是否可以删掉呢?

(生思考,约三分钟。)

生20:老师,我认为,应该可以的。但是,能不能把"圣人无常师。孔子师郯子、苌弘、师襄、老聃。郯子之徒,其贤不及孔子"这两句话放回到第一段"犹且从师而问焉"之后呢?

师:××同学这个想法很有意思的,那就先放回去看看吧。同学们,现在就假设把这两句话放回去了,请大家在心里读读看,会有什么感受?

生21：拖沓，不利落。

生19：语言节奏也好像少了力量。

师：你俩的感觉没错。请同学们再在心里读读，想想看，到底少了什么力量呢？

生19：我感觉，如果真的放回去，句子就会拖长，也就不能与后面的句子构成简洁有力的对比了，读起来也就没那么大的劲儿了。

师：你的感觉很好。如果真的放回去，不仅读起来节奏感不强，减弱了语势，还势必会削弱对比论证的力量。好，那就请同学们再齐读课文这一部分，再来感受一下这种语势和论证力量。

（生齐读）

师：这回，谁再来谈谈感受？

生22：我认为，第三段与第二段的第一层的意思并不重复。

师：不重复？那就请你说说，怎么个不重复？

生22：这一段，虽然是说孔子向不如自己的郯子、苌弘、师襄、老聃等人求教，但并不是强调必须向老师求教，而是强调"圣人无常师"，强调要以他人的长处为师，从而真正做到"三人行必有我师"。

师：也就是说，只要别人有长处，有值得学习的地方就都可以做我的老师了。这样看来，这一段与第二段的内容还是重复了。

生22：我不完全这么认为。我认为，这一段所强调的角度和第二段并不一样。第二段强调谁掌握"道"就以谁为师，这段强调只要别人有长处就应该向人家学习。两段所强调的侧重点不一样，所以就不能说内容上有重复。

师：很好。其实，第二段强调的是择师的标准，第三段强调的是择师的态度，是在总结第二段的议论的基础上重申第二段第三层所谈的道理，以使论证更严谨有力。不知同学们是否赞同我的看法。

（生点头示意）

师：下面，请同学们再把第二段的第三层和第三段合起来诵读一下，用心感受一下两段的逻辑联系。

（生自由诵读、感受）

师：好。其实，这篇课文有一处在逻辑上是根本站不住脚的，不知同学们有没有发现？这一处到底在哪里呢？请同学们用心找找。

生10：不好意思，我还没有找到呢！

师：再缩小范围，就在课文的前两段找。

生23：我认为，该是"生乎吾前，其闻道也固先乎吾，吾从而师之"这几句话。

师：请具体说说。

生23：生在我前面、比我年岁大的人，不一定就比我先"闻道"啊。

师：好！"固"是什么意思？

生23：本来。所以不能说"本来"，这话禁不住推敲的。

师：缩小了范围，同学们很快就找到了！老师没有提出这个问题之前，大家就都没有发现这个问题，看来读书还不够认真啊。韩愈是大家，但并不等于他说的话都正确，同学们大可不必迷信。韩愈自己不也说嘛！"弟子不必不如师，师不必贤于弟子"，"道之所存，师之所存也"。学习这篇课文，我们应该在这一方面有所收益。

同学们，这篇课文要求全文背诵，下面就请同学们先自由诵读课文的第三至五段，一边诵读，一边回顾我们刚才的思路品析。

（生自由诵读课文第三至五段，用心记忆每段的内容，约三分钟。）

师：请同学们诵读第二段，从对比的角度再作强化理解、品析，用心记忆每层的内容。

（生继续自由诵读课文第二段，用心强化记忆，约三分钟。）

师：请同学们合上课本，自主地默背课文，背完后再看看课文，自己纠正错误。

（生照做）

师：请同学们再合上课本，一起背诵课文第二段。

（生一起背诵课文，效果很好。）

师：第一段、第三段和第四段同学们也已经很熟悉了，大家就课下自己再继续背诵吧，我相信同学们会很快就把这几段拿下来的！今天，我们就学到这里，希望同学们永远不要停止学习，青出于蓝而胜于蓝！

下课。同学们，再见！

【教后感言】

这节课下来，有三点我印象很深刻：一是课文第二段的分析很费了些气力；二是学生自主读书有时不够细心；三是学生背诵的效果竟会那么好。

　　先说第一点。这篇文章中，韩愈为什么要反复地进行有针对性的分析论证？显然是想把弊端指出得更全面些，把问题分析得更深入些。又为什么非要进行对比论证呢？无外乎就是为了进一步突出错误做法的危害性，加深读者印象，增强文章的批判性和说服力。这个道理是很清楚的，但它却又比较抽象，很多学生不容易深刻到位地体会到。这节课，我们师生在分析第二段时花费了不少气力，目的就是为了让学生充分认识到此文的针对性以及"耻学于师"风气的危害性，让学生深刻领会作者写作此文的必要性和重要性。教例所呈现的过程和对话环节是比较流畅的，实际操作时师生、生生对话的原始状态会更疙疙瘩瘩、磕磕绊绊一些，语言也很烦琐甚至很不规范，但基本流程和精气神是与课堂原貌相一致的。原因也不复杂，那就是调动学生的生命体验和文化积淀还不够，因而难免学生在深刻理解和把握上欠些火候，这也正是需要我们师生进一步努力，并不断提升的。今后，还应该在强化学生生命体验、文化积淀以及反复诵读、默读、思考和感受上再下些功夫。

　　再说第二点。"生乎吾前，其闻道也固先乎吾"这样的话显然是有逻辑缺陷的，学生应该看得出来，然而现实并不乐观，很多学生都没有发现这个问题。我想，可能因为韩愈是大家，学生敬畏有余，质疑不足。或者说，学生根本就不敢想韩愈的文章也会有什么毛病。当然，也可能是因为读得不够细心和深入。我认为，主要还是因为读得不够细致和深入，准确地讲，应该是敬畏大家心理支配下的不细致和不深入。我们的课文，大多出自名家甚或大家之手。看来，教学生灵魂站立着、自主思辨地读课文这项使命还特别重。当然，还有一个很重要的原因，那就是中学生连起码的逻辑知识都不接触了，因而也就常常在读写中忽视甚至无视逻辑毛病。这一点，也值得我们高度重视和深刻反思。总之，读书细心在意，做人要有点逻辑头脑和自主人格，这对学生学文做人而言，真的是太重要了。

最后再说几句。要想让学生背诵真有实效，那就必须教学生深入文脉，用心梳理、品析语段层次和语句乃至词语之间的内在联系，必须与课文的一段、一句乃至一词进行深入灵魂的对话。换句话讲，必须让学生仿佛感到文章就是自己用心写的，话语都是由自己的心灵迸发而出的。

此外，学生做课堂笔记的自觉性明显增强。尽管总结、概括、提炼的能力还有待提高，但已经有了主动总结、概括、提炼的意识，相信在老师的引导训练下同学们会越做越好。

天下兴亡，匹夫有责
——《五人墓碑记》教例

第一课时

指导学生了解作者及写作背景，诵读课文；师生一起疏通文字和文言语法障碍；学生初步把握课文的思想内容，凭借注释和工具书自译课文。

第二课时

师：今天，我们继续学习这篇课文，主要目标有两个：

（展示学习目标：

1.把握课文的主要写法及其作用。

2.深度感受"五人"之义，思辨作者思想的进步性和局限性。）

（生做记录）

师：有两句名言同学们可能都知道："天下兴亡——"（板书）

生（跟着讲）："匹夫有责。"（师接着板书）

师：嗯，很好。为什么我会想起这两句诗呢？理由很简单，因为《五人墓碑记》所写到那五位义士就是草根"匹夫"，但是他们却没有忘记"大义"。在明朝末年苏州市民对阉党的斗争中，这五位义士铁肩担大义，一心赴死，壮烈牺牲。死后，五位义士合葬在一个墓中。这篇碑记，就是明代大文学家张溥为他们写的墓志铭。

现在，就让我们再度走进课文。大家先再齐读一遍。

（生齐读课文）

师：读得不错。但有的语句的语意停顿还不够准，会影响对课文内容的理解，比如，"缙绅而能不易其志者"，应该在"缙绅"后稍微停顿，读成"缙绅／而能不易其志者"。再如，"不可谓非五人之力也"，应该重读"谓"字，并稍停顿，读作"不可谓／非五人之力也"。文言文阅读，合理停顿以及断句都事关对语句甚至文意的理解，都十分重要。这一点，同学们以后要特别注意。

同学们，刚才我们又读了一遍课文。我想问问大家，作者为什么要写这篇文章？你们能找到体现本文写作目的的句子吗？

生（齐声）："故余与同社诸君子哀斯墓之徒有其石也，而为之记，亦以明死生之大，匹夫之有重于社稷也。"

师：大家都认可吗？

生（齐声）：认可。

师：好，大家再把这个句子诵读一遍。

（生诵读）

师：谁能用自己的话把这个句子准确地翻译一下？

生1：所以我和我们同社的诸位先生，哀怜这墓前空有一块石碑，就为它作了这篇碑记，也用来说明生死意义的重大，一个普通老百姓，对于国家也有重要的作用。

师：翻译得比较好了，但还需要进一步订正一下。"哀怜"这个词不够准确，应该改为——

生（有几位学生同时讲）：惋惜。

师：对。用"惋惜"这个词更符合当时的情境。此外，"也用来"最好翻译成"也是想用来"，表示将要达到的目的。再有，"一个普通老百姓"之前需加个关联词"即使"或"就是"等，进一步强化语气，表示更肯定的、不讲任何条件。由于原文没有表示"即使"或"就是"这个词，所以翻译时要给"即使"或"就是"加个括号，以示补足语气。最后，这几句可以翻译成：因此我和我们同社的诸位先生，惋惜这墓前空有一块石碑，就为它作了这篇碑记，也是想用来说明生死意义的重大，（就是）一个普通老百姓，对于国家也有重要的作用啊。

（不少同学在纠正自己的翻译）

师："哀"字在这里有"同情""惋惜""遗憾"之意。"哀"的这个意思我们初中的时候学过，谁能举个例子？

生2：《捕蛇者说》里面有"君将哀而生之乎"一句，这个"哀"就是"同情"的意思。

师：好。理解了这句话，我们就知道了作者写这篇文章的两个目的：一是惋惜这个墓只有碑而没有碑记，于是写这篇碑记来记载五位义士的事迹；二是在此基础上，阐述生死的重大意义，得出匹夫对国家有重要作用的结论。

那么，请同学们再看看课文，文章哪几个段落是着眼于第一个目的的？

生（齐声）：一至四段。

师：如果我请同学们用一句话概括五位义士的死因，你们会找到哪句话？谁来说说？

生3："盖当蓼洲周公之被逮，激于义而死焉者也。"

师：请一位同学再来翻译一下这个句子。

生4：就是当蓼洲周公被东厂逮捕时，被大义所激发而死在这件事上的那五个人。

师：很好。这句话中的"盖"字该怎么解释。

生4：发语词。没有实在意义。

师：你说的没错。不过，这个"盖"在此处还有一种判断意味。这句话中的"焉"字又该怎么解释？

生4：应该作兼词，这里有"于此"的意味。

师：对。那"者也"这两个字该怎么解释呢？

生4：在句尾，表示肯定性判断。

师：没错。实际上，"也"表示判断的意味更重一些，"者"字与"也"配合来表示更加肯定的意味，同时"者"还有舒缓语气的作用，必须用心读才能体味出来。不信，我们把"者"拿掉，再来读一读这个句子。

生4（读这个删掉"者"的句子，情不自禁地）：还真的有点儿僵硬啊。

师：感受到了就好。可见，古人每用一个字都是很精心的。下面，就请同学们自由阅读第一至四段，思考一下每一段都写了什么。

（生自由阅读，思考。）

师：请一位同学先概括一下第一段的内容。

生5：第一段交代"五人"的死因和修墓的情形。

师："情形"这样的词倒没错，但好像力度还不够，应该换成更有力度的词。请同学们想想，该换成哪个词呢？

生5：我还没有想好。

师："呜呼，亦盛矣哉！"是什么意思呀？

生5：哎呀，那情形也太隆盛了啊！

师：现在只能用一个词来替换"情形"，这个词应该是——

（生沉默、思考）

师：谁再来说说？

生6："情形"可以用"盛况"来替换。

师：好的。这样一来，第一段的段意就可以概括为——

生6："五人"的死因和修墓的盛况。

师：好的。就是历尽艰辛，我们也要淘到那个最合适的词！这就是一种语文能力。

第二段写了什么内容？哪位同学接着说说？

生7：评价"五人"之死的意义。

师：好。但是，"意义"这个词不够准确，看看该换成哪个词。

（生都默不作声）

师：请同学们再看课文，与"富贵之子，慷慨得志之徒"对比之后，作者慨叹"独五人之曒曒，何也？"，这显然是在评价"五人"之死的——

生（齐声）：影响。

师：对。这一段就是在评价五人之死的价值和影响。

师：好。那第三段又写了什么内容呢？

生8：回顾苏州市民暴动的经过。

师：好。谁再来说说第四段写了什么内容？

生8：第四段写五人就义时的情景。

师：与刚才的"情形"那个词一样，"情景"这个词也太平淡了，力度很不够。请同学们再换一个更准确的词。

生9：老师，用"壮举"来替换怎么样？

师：很好！（鼓掌）

（生也鼓掌）

师：可见，准确地概括段意绝不是一件很容易的事，同学们可要用心啊。光用心还不够，还要自觉地积累词汇，并且还要经常自觉地训练自己，就是不要总是拿过来就用，要多琢磨琢磨，比较比较，推敲推敲。接下来，我们再来整理一下一至四段的段意。

（生整理段意）

（结论：

第一段交代五人的死因和修墓的盛况。

第二段评价五人之死的价值和影响。

第三段回顾苏州市民暴动的经过。

第四段写五人就义时的壮举。）

师：好。请同学们再看看，这五人就义时是什么样子？

生10："意气扬扬，呼中丞之名而詈之，谈笑以死。断头置城上，颜色不少变。"

师：视死如归，慷慨赴死，大义凛然，真是壮举啊！请同学们齐声朗读第四段，再用心感受一下五人视死如归的壮举。

（生很有激情地齐声朗诵）

师：这第四段之首有个"然"字，该翻译成什么？

生（齐声）：然而。

师：然而表示语意转折，应该是针对什么转折的？哪位同学说说？

生11：针对第三段中的"按诛五人，曰颜佩韦、杨念如、马杰、沈扬、周文元，即今之傫然在墓者也"转折的，突出五人对被抓捕判死刑的毫不畏惧。

师：好。下面，请自由朗读第五段，同时思考：这一段写了什么内容？

生12：应该是在阐明五人之死的重大作用吧。

师：对的。哪几句话最能体现这个重大作用呢？

生12："卒以吾郡之发愤一击，不敢复有株治；大阉亦逡巡畏义，非常之谋难于猝发，待圣人之出而投缳道路，不可谓非五人之力也"这几句。

师：请一位同学翻译一下这几句话。

生13：终于因为我们苏州人民的发愤抗击，（使阉党）不敢再将我们株连治罪，魏忠贤也迟疑不决，畏惧正义，篡夺帝位的阴谋难以立刻发动，直到当今的皇上继位，（魏忠贤畏罪）吊死在路上，不能不说是这五个人的功劳啊！

师：翻译得可以，但有几处的意思还需要订正一下。"一击"最好翻译成"抗击这一次"；"复有株治"应该翻译成"再有株治定罪的老做法"，再转译成"再实行株治定罪的老做法"；"不可谓非五人之力也"，最准确的翻译应该是："不能说不是这五人（之死所产生）的巨大作用力啊！"

（生纠正译文）

师：这也没什么，只要肯用心思考，就能够翻译得尽可能准确到位。"中学生文言文翻译"之类的书是要看的，但要为我所用，主要用于参考。

第五段的开始写了"嗟乎！大阉之乱，缙绅而能不易其志者，四海之大，有几人欤？而五人生于编伍之间，素不闻诗书之训，激昂大义，蹈死不顾，亦曷故哉？"这段话，看上去好像仅仅是将五人的义举与大阉之乱背景下的变节官员进行对比，并没有评价五人之死的重大作用。真是这样的吗？

生14：不是的。这种对比实际上就是要使五人不惧阉党的大义与变节官员投靠阉党的不义形成鲜明的对比，从而更加突出这五人的大义大勇及其死后的作用。

师："亦曷故哉？"一句反问，这种对比的用意就都含在里面了，作者在激发读者去悟出。请同学们齐声朗读第五段，同时用心体会作者运用对比写法的妙处。

（生齐声朗诵）

师：请同学们再自由朗读课文第六段。同时思考：这一段又写了什么？

（生自由朗读，自主思考。）

师：谁来说说，这第五段又写了什么？

生15：高度评价五人之死的巨大影响。

师：回答得不错，但好像还不够完整。谁再来补充一下？

生16：还说明了写这篇碑记的意图。

师：什么意图呢？

生16:"亦以明死生之大,匹夫之有重于社稷也"。

师:谁再来概括一下第六段的段意?

生17:高度评价了五人之死的巨大影响,同时说明了写这篇碑记的意图。

师:好。正因为有了这种巨大影响,才称得上"匹夫之有重于社稷也",所以"故余与同社诸君子……匹夫之有重于社稷也"这几句话的前面用了一个"故"字,表示第六段前后两部分是因果关系。

(生在书上勾画,做笔记。)

师:第六段前一部分高度评价了五人之死的巨大影响。主要运用什么写法?

生(齐声):对比。

师:都有哪些对比?请具体说说。

生18:高爵显位之人的辱人贱行与五人的义举及死后的显荣进行对比。

师:还有没有了?

生18:五人保其性命、享尽天年与五人激于义而死进行对比。

师:这样进行对比有什么好处?

生18:更能够突出五人之死的巨大影响和重要意义。

师:很好。(鼓掌)我还认为,这样进行对比,更便于作者强烈地抒发情感。

(生自觉地整理笔记。笔记要点:

1. 这样进行对比更能够突出五人之死的巨大影响和重要意义。

2. 这样进行对比更便于作者强烈地抒发情感。）

师：请同学们再自由诵读第六段，同时认真翻译"由是观之，则今之高爵显位……发其志士之悲哉？"

（生自由诵读，翻译，译文略。）

师：生死不可避免，所以好多先哲都对其进行了深入思考，并做出了自己的回答。同学们学过不少古诗文了，也背诵了不少名句。下面，就请同学们列举一些相关名句。

生19：生，我所欲也，义，亦我所欲也，二者不可得兼，舍生而取义者也。（孟子）

生20：人生自古谁无死，留取丹心照汗青。（文天祥）

生21：人固有一死，或重于泰山，或轻于鸿毛。（司马迁）

生22：粉骨碎身浑不怕，要留清白在人间。（于谦）

生23：哀吾生之须臾，羡长江之无穷。（苏轼）

师：很好，老师也想到了一些，现在与大家分享一下。（师播放课件）

捐躯赴国难，视死忽如归。（曹植）

苟利国家生死以，岂因祸福避趋之。（林则徐）

有心杀贼，无力回天，死得其所，快哉快哉！（谭嗣同）

青山处处埋忠骨，何须马革裹尸还。（毛泽东）

…………

对舍生取义，这五位平民则用行动做出最生动的回答，所以人们赞颂他们，纪念他们。请同学们找出课文中的相关内容。

生19："有贤士大夫发五十金，买五人之头而函之，卒与尸合。故今之墓中全乎为五人也。"

生18:"郡之贤士大夫请于当道,即除魏阉废祠之址以葬之;且立石于其墓之门,以旌其所为。呜呼,亦盛矣哉!"

生17:"五人亦得以加其土封,列其姓名于大堤之上,凡四方之士无不有过而拜且泣者,斯固百世之遇也。"

生16:"豪杰之流,扼腕墓道,发其志士之悲。"

生15:"故余与同社诸君子哀斯墓之徒有其石也,而为之记,亦以明死生之大,匹夫之有重于社稷也。"

师:大家找得很准确。所以,我们还可以说,《五人墓碑记》就是这五位高尚者的墓志铭,也正应了那句诗:"高尚是高尚者的墓志铭"。那么,"卑鄙是卑鄙者的通行证"这一句诗在本文中也是有体现的,又是哪几句呢?

生20:"大阉之乱,缙绅而能不易其志者,四海之大,有几人欤?"

生21:"今之高爵显位,一旦抵罪,或脱身以逃,不能容于远近,而又有剪发杜门,佯狂不知所之者……"

师:很好。这就说明在阉党作乱的时候,很多人都变节了,都用卑鄙的手段取得了这个邪恶世道的通行证。在那个世道,有多少读过圣贤书的士大夫,泯灭良知,趋炎附势,飞黄腾达,荣华富贵。但是,这卑鄙会是卑鄙者永远的通行证吗?

生(齐声):不会的。

师:为什么?

生7:因为光明终要战胜黑暗的,乌云是不能永远遮住太阳的。

师:对。那就请同学们再到课文中去找找根据,看看卑鄙者的下场如何。

生8:"则今之高爵显位,一旦抵罪,或脱身以逃,不能容于远近,而又有剪发杜门,佯狂不知所之者,其辱人贱行,视五人之死,轻重固何如哉?"

师:很好。这是什么写法?

生(齐声):对比。

师:课文中只有这一处对比吗?

生9:还有。就是"夫五人之死,去今之墓而葬焉……独五人之皦皦,何也?"那一段。这是"五人"死后影响的对比。还有"五人"临刑时的壮举与抵罪高官的丑行的对比。

师:很好。为什么要进行这样的对比呢?谁来说说?

生6:更能突出这"五人"的义举的价值和死后的影响。

师:这些不义的"卑鄙者"和五位义士做对比,生与死的价值和意义立即就判明了。可见,对比写法在本文中是有着十分重要的作用的。那么,"五人"之死到底有怎样的社会意义呢?请同学们在课文中找到原话。

生5:"矫诏纷出,钩党之捕遍于天下,卒以吾郡之发愤一击,不敢复有株治;大阉亦逡巡畏义,非常之谋难于猝发,待圣人之出而投缳道路,不可谓非五人之力也。"

师:好。这些对比,突出了"五人"之死的意义和价值,也鲜明地揭示了那些只图富贵荣华、只知苟且保命的"高爵显位"们的丑恶灵魂!同时,也表达了作者的爱与憎。分析问题时请同学们都能够全面、深刻一些。

不过,也有人认为,"不然,令五人者保其首领……扼腕墓道,发其志士之悲哉?"这个假设也流露出了作者轻视平民的门第等级观念。对此,同学们都是怎么看的呢?请课后写一篇思辨周记,发表一下自己的看法。字数嘛,五六百字吧。同学们想不想写呢?

生(齐声):想!

师:好。"位卑未敢忘忧国""天下兴亡,匹夫有责"这是中华民族的优秀传统。这个优秀传统在这五位平民的身上充分地体现出来了,也希望这个优秀传统能在同学们身上更加发扬光大!有些同学可能认为自己很普通,甚至很渺小,但这渺小绝不是我们推卸责任的理由!还是那句话,天下兴亡,匹夫有责!

同学们,义可以很大,大到可以关乎时代和社会的文明与进步;义也可以很小,小到可以是我们日常行为的点点滴滴,比如一次义卖,一次无偿献血,一次当志愿者,一次向110报警……它需要我们每个人都用自己的人生去结结实实地践履,去诠释!我真的非常希望每位同学心中都能装有一个重重的"义"字。(生热烈鼓掌)

下课。同学们,再见!

【教后感言】

这节课,我有意识地强化了段意概括和提炼环节。例如课文第一段的段意,有的同学概括成"写五人的死因和修墓的情形";第二段的段意,有的同学概括成"写五人之死的意义",第四段的段意,有的同学概括成"写五人就义时的情景"。这当中的"情形""意义"和"情景"这三个概念,若不细究也就过去了——

就这样过去的课多着呢！但是，就本文而言，这样的三个词未免过于平淡了，不能准确解释每一段的思想内容。鉴于此，我引发学生深入字里行间，走进作者的思想情感世界，用心品味、琢磨，最后决定换"情形"为"盛况"，换"意义"为具体的"价值和影响"，换"情景"为"壮举"。这样教学，不仅是要引导学生更准确地概括段意，训练概括和提炼能力，更是想让学生真切体验到提炼和概括的艰辛，认识到准确概括段意绝不是一件很容易的事，进而收获概括成功的信心。只有这样一次次真刀真枪地历练过，一次次经历过艰辛，享受过成功，学生才有可能更有信心、更感兴趣、更自觉地去不断历练，从而培养自己的提炼和概括能力。

现在的一些公开课都很不重视训练学生语言概括、提炼和加工能力，都喜欢一顿讨论了事，或教师用课件闪现一下结论即罢。说实话，这样的做法很不利于学生真刀真枪地历练语言能力。正是为了革除这种流弊，这堂课，我们师生在这方面做了不少功课，也确实取得了令人比较满意的效果。古诗文教学固然要重视赏析，但也不能忽视学生语言基本功的历练和培育。也正是为了做实这一点，原本准备展开思辨讨论的"作者思想局限性"问题，也没有时间展开讨论了，结果这个学习目标没有达成。而是改为让学生课后写一篇五六百字的思辨周记。

本文第六段末尾有一段话："故余与同社诸君子哀斯墓之徒有其石也，而为之记，亦以明死生之大，匹夫之有重于社稷也。"核心意思就是告诉读者，哪怕是一介匹夫，只要他能够深明大义，以天下为己任，不惜舍生取义，他的生命就是有重大价值的，就会对国家兴亡产生重大意义。为了强化和升华这种情感，我启发学生思考人生，并学以致用地联想一些经典诗文名句。同学们表现得很主动，也联想到了一些诗文名句，但还是暴露了积淀不厚、学不能致用的弱点。最后，我只好又展示了一些，以弥补同学们的不足。这一点不可小看，因为优秀文化传统的传承和弘扬，对学生的健康成长实在是太重要了！古诗文教学，尤其要重视这一点，但要切记只能有机融入，绝不可直接上成文化教育课。这一点，这堂课上，我还是尽量把握住了这个度。

再有，对比写法在本文运用得很好，一直为一些专家所称道。也正因为如此，很多教师都要把这个特色单拎出来讲析，如死而湮没的富贵之子、慷慨得志之徒与死后荣光耀眼的"五人"的对比，投靠阉党的高官显爵的下场与"五人"死后的显荣的对比，"五人"保其首领，享尽天年的地位与他们深明大义、为义而死后的重大影响的对比，大阉之乱下变节投靠的缙绅与"生于编伍之间素不闻诗书之训，激昂大义，蹈死不顾"的"五人"的对比，等等。我认为，这样单拎出来集中讲析，会割裂这些对比与原文的融合，为讲析对比而讲析对比，效果反而不好。要想让学生更深入地体验、感受和理解这种对比写法的好处，还是要回归到具体段落里去具体品析。这节课的教学实践证明，这样教学确实效果要更好一些。

最后，再说说"故余与同社诸君子哀斯墓之徒有其石也，而为之记，亦以明死生之大，匹夫之有重于社稷也"这几句话的翻译。说实话，当时那位同学的翻译已经不错了。我为什么还"吹毛求疵"？因为只有准确翻译才有助于准确理解课文，反过来，也只有准确理解课文才可能准确地翻译。这是准确理解课文的大问题。连课文都不能够准确理解,还谈什么赏析呢?当然,紧盯着高考命题模式把文言文教学窄化、矮化为文言文翻译,这也是大错而特错的。对此,我们固然需要矫枉,但绝不等于就淡化甚至放弃文言翻译教学,关键是不可总是直接硬翻译,要让学生多诵读、多体悟,之后再翻译,更不可急功近利,为考试得分而仅仅教学翻译。当然,一些精美的古诗文可以不必翻译,只要学生学得懂、有兴趣学,就够了。

同是天涯沦落人
——《琵琶行》教例

课前

引导学生走进作者被贬谪居的生活和愤懑不平的内心世界；熟读该诗，初步把握其思想内容，自主扫清文字障碍。

第一课时

师：同学们，这首诗中有两句诗早已成了千古名句——"同是天涯沦落人，相逢何必曾相识"。白居易虽被贬官，成了一位只能着青衫的散官（实际上相当于从六品）——江州司马，但毕竟与琵琶女的地位、身份还是大不相同的，也可以说是天壤之别。然而，白居易却认为自己与琵琶女同是天涯沦落人。这是为什么呢？这首诗又是怎样表达这种情感的呢？这节课，我们主要解决这两个问题。

（展示学习目标：

1. 白居易为什么会认为自己与琵琶女同是天涯沦落人？

2. 这首诗是怎样表达作者这种思想情感的？）

（生做记录）

师：同学们，你们都很聪明，请先找找看，诗中哪些诗句最能够表达出诗人的这种"同是天涯沦落人"的情感呢？

（生翻书，在书上画线，小声交流。约三分钟。）

师：请同学们回答刚才的问题。

生1："今夜闻君琵琶语，如听仙乐耳暂明。"

生2："座中泣下谁最多？江州司马青衫湿。"

师：还有没有了？

生3：我认为没有了。

生4："转轴拨弦三两声，未成曲调先有情""弦弦掩抑声声思，似诉平生不得志""低眉信手续续弹，说尽心中无限事""别有幽愁暗恨生，此时无声胜有声"，这些诗句应该都是吧？

师（特别惊讶）：想法特别有新意，说说理由吧。

生4：这些诗句中的"先有情""不得志""无限事""别有幽愁暗恨生"等都是白居易听出来的，这说明白居易很有同感，特别感慨。

师：好的。看来，你还是有所思考的，只是可能没深入、细致地读这首诗。就算白居易此时（琵琶女自叙身世之前）听出了一些味道，产生了同情之感，那也只能是感觉到琵琶女好像在用琵琶倾诉自己的一种不幸身世，因为他还没有进一步了解到琵琶女的真实身世，因而也就不可能产生什么"同是天涯沦落人，相逢何必曾相识"的感慨了。其实，这些诗句仅仅是在表现琵琶女演奏技艺的高超以及诗人的一种忧伤的感觉。

生5：那"东船西舫悄无言，唯见江心秋月白"这两句是不是呢？

师（愕然）：你的想法好奇特！有谁同意他的意见？（一生举手）你来说说理由吧。

生6：船周围为什么那么静呢？说明大家都听得出神。白居易也一定在听，他听出的味道与别人的不同，一定听出了漂泊流离之感。所以，我这样认为。

师（示意这位同学坐下）：你的问题，与刚才××同学的问题没什么两样，不愧是一师之徒啊。确实大家都在听，但这只能说明琵琶女弹奏得太好听了。

生7："我闻琵琶已叹息，又闻此语重唧唧""凄凄不似向前声，满座重闻皆掩泣"，这四句出现在琵琶女自叙身世之后，应该是在表达作者的感慨吧。

师："我闻琵琶已叹息，又闻此语重唧唧"还不算是。

生7：那"我闻琵琶已叹息"这句该怎么解释呢？白居易叹息什么呢？

师：我认为，即使白居易此时有叹息，也仅仅是被琵琶女演奏的琵琶曲勾起了感伤，还不至于很了解琵琶女的身世，产生"同是天涯沦落人"之感。这一点，前面我们已经探讨过了。

下一句"又闻此语重唧唧"，这里的"此语"就是琵琶女自叙身世的话。这正好说明作者的"同是天涯沦落人"之感慨，是生发于听了琵琶女自叙身世之后的。只有在白居易对琵琶女身世有了真正的了解之后，才生发出了"同是天涯沦落人"之感慨。所以，严格地讲，这两句也不能算是表达诗人白居易对琵琶女深切同情，视为同路之人这种情感的诗句。

（生表示赞同）

师：至于"凄凄不似向前声，满座重闻皆掩泣"这两句，确实是在写满座的人都听哭了，但每个人的感动点不会一样。当然，白居易也哭了，他一定是感受了琵琶女与自己相同的命运。从这一点上来看，这两句还可以算是体现了白居易的"同是天涯沦落人，相逢何必曾相识"之慨，但没有那么直接，因而还不能算是"最能体现"。这个话题就此打住吧，希望同学们认真读课文，用心看准和思考问题之后再发言，免得浪费宝贵的课堂时间。

（生沉默）

师：咱们再接着说说刚才提到的那四句。先说说"今夜闻君琵琶语，如听仙乐耳暂明"这两句吧。同学们，请想想，琵琶是发声的乐器，应该说"今夜闻君琵琶声（或者曲、音等字）"才对呀，为什么白居易偏偏用"语"这个字呢？

（生沉默，思考。一分多钟。）

生8：因为琵琶女不仅弹琵琶，还介绍了自己的身世。

师：还有其他的理解吗？（生摇头，师示意其坐下继续思考。）

生9：老师，这是拟人修辞，把琵琶女弹奏琵琶比拟成人在说话。

师：你说得没错。那作者为什么要采用拟人修辞呢？（生摇头，师示意其坐下继续思考。）

生8：老师，我还没想好呢。（师示意其坐下慢慢思考）

生9（挠头）：老师，这是不是说琵琶女好像在用琵琶倾诉自己的身世啊？

师（高兴）：是这样的。其实，在这首诗里我们还可以找到现成的诗句来证明的。

生10（老师话音刚落，有一位同学）：老师，我懂了。

师：那就请你说说吧。

生10：诗中确实有这样的诗句，像"转轴拨弦三两声，未成曲调先有情""弦弦掩抑声声思，似诉平生不得志""低眉信手续续弹，说尽心中无限事""冰泉冷涩弦凝绝，凝绝不通声暂歇""别有幽愁暗恨生，此时无声胜有声"等，都是的。

师：还真找到不少。你讲得对。琵琶女用琵琶倾诉坎坷遭遇、身世浮沉，别人也许只能听得出悲凉，而白居易则会听得出更多知音，尤其是琵琶女自叙身世之后。所以，在白居易这里，就更如同知己在倾诉衷肠，比任何音乐都受听，所以会有"如听仙乐耳暂明"之慨。

（生顿悟状）

师："座中泣下谁最多？江州司马青衫湿"这两句，若改写成"座中泣下谁最多？江州司马白居易"怎么样？

生（哄堂大笑）：没味道了！

师：为什么？

生11："青衫湿"表示流泪多，很形象，也很含蓄。改成"白居易"，这也太直白了，一点儿诗味儿都没了。

师（满意，示意学生坐下）：这"青衫湿"不仅形象、含蓄，还别有深意。谁能说说吗？

（生沉默，半分钟无语，期待。）

师：看来，同学们真的回答不了这个问题了。同学们还记得吧？我们曾了解过，白居易由朝廷正五品官被贬为江州司马，相当于从六品,在唐朝是应该着绿色官服,可就因是散官,地位几乎就等同于八九品了,只能穿着青衫。可见,这"青衫"二字也深含着诗人的怨愤不平。白居易如此被贬官,同学们,请设身处地想一想,他该作何感慨?

(生沉默无语)

师:我还想问大家一个问题:白居易的这种愤慨还表现在哪些诗句上?

生12:倒数第二段有很多诗句都表达了这样的情感。

师(示意生坐下):大家齐读倒数第二段,注意读出诗人的愤慨之情。

(生齐读)

师:读得还不错。可能是由于齐读,个别重音和语调还需改进。如"何必""地僻""绕""何""还""岂无""难"等字词,读时要重一些或拖长点儿。(师范读)

(生听得入神,之后鼓掌。)

师:"黄芦苦竹绕宅生""杜鹃啼血猿哀鸣",诗人住宅周围真的就只生长"黄芦苦竹"吗?就没有其他可心的植物吗?诗人每天就只能听到"杜鹃啼"和"猿哀鸣"吗?就没有"黄鹂"和"鹦哥"之类的鸟吗?

生13:肯定不全是这样的。

师:那诗人为什么不如实地写呢?

生13:诗人被贬心情不好,又抑郁卧病,对什么美景都没心情,对这样的景物尤其敏感。

师:你有过同样的感受吗?能说说吗?

生13：有的。我考试考不好时，妈妈好唠叨，我就不高兴，看什么都没心情，吃什么都不香。

师：要是赶上阴天下雨呢？

生13：心情更是糟糕透了。

师（示意生坐下）：同学们都有过类似的体验吗？

生（大声）：有！

师：是的，老师也有过。心情不好时，太阳都是黑色的。诗人白居易仅因上书陈事语气重了就遭贬官，心情十分压抑郁闷，又谪居卧病，喝酒也只能一个人孤独地喝闷酒（世态炎凉所致）。在这样的心情下，哪儿有心情观花赏月？只能是在那黄芦苦竹之中，在呕哑嘲哳的土野音乐声中，任凭那声声杜鹃和猿啼来刺激、麻木自己的心灵了。所以，诗人只能选取这样的景物来烘托自己的压抑、郁闷、痛苦和无限感慨。也正因为如此，白居易才更能听懂琵琶女的"琵琶语"，才会更加生发出"同是天涯沦落人"的感慨。同学们写作文时也可以借鉴这种写法，这叫作选取典型化景物来写景抒情，古人称之为以情遣景。

（生静静地听得入神，师示意生做笔记。生做笔记：

结论：根据情感表达的需要来有选择地写景物，这叫作选取典型化景物来写景抒情。）

师：诗中还用琵琶女自述的形式介绍琵琶女的身世。诗人为什么要写琵琶女自叙身世这一大段呢？

生14：因为当时琵琶女确实当场进行自述了。

生15：刚才老师讲了，可以增进诗人对琵琶女的了解。

师：好。谁还要补充？

生16：老师，我觉得白居易之所以要写这一大段，还为抒发"同是天涯沦落人"之慨做铺垫。

师（高兴）：再具体说说。

生16：白居易最初听琵琶女弹奏琵琶时仅仅有些感伤，并没有"同是天涯沦落人"的感觉，而听了琵琶女的自述之后，感受就更深了，也更有同感了。

师（高兴）：什么同感？快说说。

生16：就是"同是天涯沦落人"呗。

师：好，那就请你说说怎么个"沦落"法？

生16：到处流浪，无家可归，很失意，受人歧视。

师：噢，是白居易无家可归，到处流浪呢，还是琵琶女呢？好像都没有嘛。白居易在浔阳城谪居，还是有家的嘛，也没有到处流浪。琵琶女也嫁给商人了，也有家的啊。

生16：老师，您说得不对。白居易是从长安被贬出来的，琵琶女也是从长安流浪到浔阳的。说无家可归有点不对，说流浪还是对的。

师（高兴）：你讲得很好。这"沦落"是该有漂泊流浪的意味，但更多的该是失意、落魄。不过，我还是要问大家：诗人白居易写这一大段，仅仅是为抒发"同是天涯沦落人"之慨做铺垫吗？那么，听了琵琶女的自述后，他为什么会"又闻此语重唧唧"呢？又为什么会马上想到自己"谪居卧病浔阳城"的情形呢？请同学们再诵读琵琶女自述一段。

（生诵读）

师：琵琶女当初的生活状况怎样？

生17：好着呢！

师：怎么个好法？请一起读读。

生（齐读）："十三学得琵琶成……秋月春风等闲度"。

师：现在，琵琶女的生活状况怎么样了？请再读读。

生（齐读）："弟走从军阿姨死……梦啼妆泪红阑干"。

师：昔日是"一曲红绡不知数"，人人羡慕，简直活在天上；今天年长色衰，转徙江湖，门前冷落，饱受世态炎凉。这一切，与今天白居易昔日春风得意，今日失意落魄、门庭冷落的宦海浮沉多么相似啊！所以，白居易写这一大段不仅是为了抒发自己的人生感慨，更是借琵琶女来自喻。这样写，也省略了不少回忆当年官场如何春风得意的笔墨，又委婉地抒发了诗人自己的怨愤与不平，可谓一箭双雕。请同学们再次一起诵读琵琶女自叙身世这一段，进一步加深感受和理解。

（生一起朗读）

师：请同学们再回顾一下这节课的学习目标。

（再次播放：

1.白居易为什么会认为自己与琵琶女同是天涯沦落人？

2.这首诗是怎样表达作者这种思想情感的？）

师：请同学们说说，白居易为什么会认为自己与琵琶女同是天涯沦落人？

生18：白居易认为，琵琶女早年风光无限，年长色衰后门前冷落、流落江湖，这一点与自己的官场浮沉很相似。

生19：白居易认为，琵琶女青春逝去后流浪江湖，失意落魄，与自己被贬谪后漂泊沦落很相似。

师：好。从本质上看，虽然两个人的地位、身份、经历不相同，但人生起落、尝尽世态炎凉等命运是相同的，所以说"同是天涯沦落人"。

（生自觉做笔记）

师：再问第二个问题：这首诗是怎样表达作者这种思想情感的？请同学们回顾这节课所学的内容来回答。

生20：运用拟人和夸张的修辞，含蓄表达。

师：举几个例子。

生20：如"今夜闻君琵琶语""终岁不闻丝竹声""如听仙乐耳暂明"等诗句。

师：很好。谁还说说？

生21：运用婉转写法，委婉地表达。

师：举几个例子。

生21："往往取酒还独倾""江州司马青衫湿"。

师：好。还有谁来说说？

生22：运用景物描写典型化的手法，突出表达。

师：举几个例子。

生22："黄芦苦竹绕宅生""杜鹃啼血猿哀鸣"。

师：很好！同学们还有没有别的想法了？

（生沉默）

师：没人说，那我再说几句。我认为，作者还运用了铺垫的手法，在铺垫的基础上抒发真情实感。琵琶女自叙身世一段就是厚实的铺垫。没有这一段，作者就不可能生发出"同是天涯沦落人，相逢何必曾相识"的感慨。请同学们整理好笔记。

（生整理笔记：

1. 运用拟人和夸张的修辞，委婉表达；

2. 运用婉转写法，委婉地表达；

3. 运用景物描写典型化的手法，突出表达；

4. 运用铺垫的手法，在铺垫的基础上抒发真情实感。）

师：同学们，诗人白居易经历了官场沉浮、世态炎凉，所以就特别同情和理解琵琶女的人生遭遇，也不顾世俗观念，发出了"同是天涯沦落人，相逢何必曾相识"的感慨。今天，也同样有失意落魄、生活困顿之人，请让我们都来给予他们一些同情和悲悯，可千万别等到自己尝尽世态炎凉之后，才知道这同情心和悲悯心有多么宝贵啊！

（生在课本上记下关键词，动容。）

师：请同学们一起朗诵"沉吟放拨插弦中……江州司马青衫湿"。

（生动情地朗诵）

师：下课！下节课我们再来欣赏这首诗的艺术风采。

【教后感言】

白居易认为自己与琵琶女"同是天涯沦落人"，因此"相逢何必曾相识"。这首诗就是表达这样的思想情感的。那么哪些诗句最能体现这样的思想情感呢？这样的诗句，无疑必须到"我闻琵琶已叹息，又闻此语重唧唧……座中泣下谁最多？江州司马青衫湿"这部分来找，因为白居易的这种感慨是生发于琵琶女自叙身世之后的，之前的感觉仅仅是感觉到了琵琶女心里不得意，可能有不便对人诉说的人生故事。这个界限必须搞清楚，最能够体现诗人这种"同是天涯沦落人，相逢何必曾相识"感慨的诗句也必须找到。

课堂上，一些学生还是找得比较准，但也有少数学生总想多找两句。像什么"东船西舫悄无言，唯见江心秋月白""我闻琵琶已叹息，又闻此语重唧唧""凄凄不似向前声，满座重闻皆掩泣""别有幽愁暗恨生，此时无声胜有声"等诗句，也都被一些同学找来了。不认真读课文，不用心深入其里地思考问题，就很容易犯这种稀里糊涂、一通"神"找的毛病，平时做考试题的时候更是普遍会犯这样的毛病，只不过轻重有所不同而已。为此，我在这个问题上较上了真，引导学生一个句子一个句子地探究，直至学生彻底明白为什么，真正认识到稀里糊涂读书的害处。

诗中确实还有"转轴拨弦三两声，未成曲调先有情""弦弦掩抑声声思，似诉平生不得志""低眉信手续续弹，说尽心中无限事""别有幽愁暗恨生，此时无声胜有声"等诗句，但那是在描写琵琶女弹奏琵琶的技艺，是在表现琵琶女好像在用琵琶倾诉自己的身世。至于琵琶女的身世究竟怎样，还没有人知道——除白居易外的其他人也未必想知道，所以就更不能说这样的诗句也在表达诗人白居易"同是天涯沦落人，相逢何必曾相识"这样的感慨了。可见，这都是不用心惹的祸！课堂上，这类不用心读就随意发言的现象必须叫停，否则，闹闹哄哄的，没什么教与学的效益可言。当下的一些语文课堂就常犯这个毛病，课文没怎么读（甚至一遍都没好好读），学生就在那里自主发言,这样的"热闹"课堂,除了肆意的"热闹",学生最终能收获什么呢?这节课,我没有让少数不认真读课文的学生"热闹"起来,看似有点儿专断强权,实则是为了更有效地进行教学。今后,凡遇到这样的现象,我还将坚定地这样强权,以让自己的课堂更务正业,更有实效。

至于白居易到底是怎样表达这种感慨的,这节课我们师生探究了婉转表达、铺垫基础上抒情、拟人和夸张的修辞以及景物描写典型化等写法。前几种写法学生还比较容易领悟,只有景物描写典型化这个写法理解起来有一定难度,主要是这个概念比较唬人。为此,我专门引导学生对此进行了深入探讨。我先引导学生思考:除了"黄芦苦竹"外,诗人的住宅周围真的就一点儿也不长其他植物了吗?除了"杜鹃""猿猴"的叫声,诗人一年四季真的就一点儿也听不到其他动物的啼叫声了吗?这样的问题是违背常理的,学生自然会回答"不可能"的,进而领悟到诗人写这样的诗句也是违背生活常理的。而这种违背常理的写法,在一些经典文学作品里却比比皆是,而且还历来为人们所称道。至此,从学生那满意的眼神里,我窥出了这种生活化教学方法的成功。

最后,我再啰唆几句。赏析《琵琶行》可以由欣赏其描写艺术切入,也可以由欣赏其情感表达艺术切入,绝不可从头理到尾,碰到什么讲什么。这节课就是从这首诗的情感表达艺术切入的,这样做目标集中,容易理顺也容易突破,教读流程通畅、效益高。其实,在我看来,课堂教读在很大程度上讲就是师生在平等对话、交流。为此,课堂教读目标一定要明确、适宜,并且还要善于抓准关键，找准突破口，以确保心力集中，重难点突破。课堂教读还要追求驾驭自然，预设无痕，犹如行云流水。只有这样，课堂教读才有可能做到朴实扎实、求实求是、润物无声，实现"语文"和"人文"高度交融、既教文又立人的目标。

此中有真意

——《归去来兮辞》教例

第一课时

指导学生了解作者及写作背景，诵读全诗；师生一起疏通文字和文言语法障碍，学生初步把握诗的思想内容。

第二课时

（师朗诵陶渊明的《饮酒》诗）

> 结庐在人境，而无车马喧。
> 问君何能尔？心远地自偏。
> 采菊东篱下，悠然见南山。
> 山气日夕佳，飞鸟相与还。
> 此中有真意，欲辨已忘言。

师：这首《饮酒》诗，抒发了诗人鄙弃官场、不与统治者同流合污的思想感情，表现了诗人厌弃官场、热爱田园生活的真挚情感以及归隐田园后悠闲自得的心境。

芸芸众生，谁能拒绝高官厚禄的诱惑呢？谁又能抗拒权势的魔力呢？陶渊明却能一辈子坚守自己"不为五斗米折腰"的人生信念，厌弃官场，向往田园，追求自由，做一个淡泊、素朴、正直的人。上节课，同学们都已经读了这首诗，也了解了作者的生平，并基本把握了这首诗所表达的思想情感。但是，作者到底是怎样来表达自己的思想情感的呢？这节课我们大家就一起来用心解决好这个问题。

（展示学习目标：

品析作者表达自己的思想情感的语言艺术。）

（生做记录）

师：为了让同学们进一步感受这首诗所表达的思想情感，我先为大家诵读这首诗，请注意听我的语速、语调和重音、顿挫等。（师范读）

下面，请同学们再一起诵读一遍，注意体会和表现作者的思想情感。

（生一起动情地诵读课文）

师：读得很好，基本能表现出作者的情感。齐读不太容易突出个性化的东西，节奏不好控制，如果请同学们单个来读，也许效果会更好。

下面，请四位同学来范读一下，每人一段。请大家注意听，好好体会和感受。

（生1诵读第一段）

师：读得不错。"归去来兮"中的"归"字和"田园将芜胡不归"的"胡"字都还要拖长一些，要表现出诗人的不满和坚定。

另外，"舟遥遥以轻飏，风飘飘而吹衣"中的"遥遥"和"飘飘"要快速连读，第二个"遥"和"飘"，还要读升调，要表现出一种自得和喜悦之感。

生1：我认为，"恨晨光之熹微"中的"恨"字也要读得稍重些，表现出作者那种归心似箭的心情。

师：对，很有道理。请同学们一起再来把第一段诵读一遍。

（生一起诵读第一段。比较理想。）

（生2诵读第二段）

师："乃瞻衡宇，……有酒盈樽"这几句要读得再急促一些，突出作者归心似箭及快步冲进家门时的心情。"引壶觞以自酌，……抚孤松而盘桓"这几句节奏再舒缓一些，可以摇头晃脑地诵读，至少在下意识里摇头晃脑，表现出作者的逍遥自在和悠然自得。

（生情不自禁地摇头晃脑诵读这几句）

师：请同学们诵读第二段。

（生一起诵读第二段。比较理想。）

（生3诵读第三段）

师："复驾言兮焉求？"中的"焉"字要读得重些，还要稍拖长一些；"求"也要稍拖长音，且读升调。这样读，更能表现出作者的愤慨。还有，"善万物之得时，感吾生之行休"这两句要在"善"和"感"、"物"和"生"字之后自然稍顿，而且"休"字还要稍拖长音，读升调。这样就会读出顿挫感，读出作者的人生感慨。

生3：我认为，"或命巾车，或棹孤舟"这两句要读得再急促、轻快一些，读出作者归隐田园、乐于农事的自得。

师：你补充得有道理。是受了前面四字句启发吧？活学活用啊！请同学们再一起诵读第三段。

（生一起诵读第三段。比较理想。）

（生4诵读第四段）

师：读得还算可以，但力度还不够到位。是不是有点儿难为情啊？（师范读该段）

"已矣乎！"这三个字，"已"要重读，适当拖长；"矣"要读得短促，附带于"已"之后；"乎"要读升调且稍拖长音，要读出作者的无所谓，读出他的愤慨和无奈。"寓形宇内复几时！曷不委心任去留""胡为乎遑遑欲何之？"中的"几""任""胡""乎"和"何"等字都要重读，"何"字还要拖长，以突出作者的感慨。此外，"乐夫天命复奚疑！"中的"复奚疑"三个字要一字一板，要表现出作者的坚定决绝和义无反顾。请同学们把这四段合起来再朗诵一遍，先各读各的，尽情发挥；而后我们一起再诵读一遍。

（众生动情地自由诵读）

师：好。我看得出，同学们读得都很用心，也很动情。下面，我们大家再一起来把第四段读一遍。

（生一起诵读第四段）

师：很好！下面，请同学们一起动情地朗诵全诗。

（生一起诵读全诗）

师：很棒！大有进步！朗读得不到位的同学，私下里自己再用心揣摩，多练习几遍。

请同学们再回到课文第一段。这一段写的是作者陶渊明归去的原因。请同学们找找,有哪些诗句在表明作者陶渊明归去的原因呢?

生5:"既自以心为形役,奚惆怅而独悲?悟已往之不谏,知来者之可追。实迷途其未远,觉今是而昨非"这些诗句。

师:好。还有没有了?

生5:"田园将芜胡不归!"

师:"田园将芜胡不归!"这句讲的也是归去的原因,但为什么偏偏这一句要置于这首诗最前面呢?

生5:突出作者要回归田园的思想情感。

师:没错。那"既自以心为形役,奚惆怅而独悲?悟已往之不谏,知来者之可追。实迷途其未远,觉今是而昨非"这些诗句就不表现作者要回归田园的思想情感吗?

生5:也可以表现,只是这些诗句更侧重写诗人对人生价值的思考。诗人认为再在官场上混已无人生价值可言,要迷途知返。

师:你的意思是,这些诗句并不直接表达作者要回归田园的思想情感,而是更深入地触及人的内心世界,揭示他要脱离官场、回归田园的思想原因。

生5:是的。我说不太好。总之,"田园将芜胡不归!"是表面上喊出来的理由,"既自以心为形役……觉今是而昨非"是心里的真实想法,是更深层次的思考。

师:是的。这种内心深处的话,也不宜直接喊出来啊。请同学们说说,作者内心到底是怎么想的?有几层意思?

生6:第一层:"既自以心为形役,奚惆怅而独悲?"第二层:"悟已往之不谏,知来者之可追"。第三层:"实迷途其未远,觉今是而昨非"。

师：你回答得很巧妙嘛。超出我的想象，不过还真是这么个理。但是，还是用自己的话来回答更好些。谁再来说说？

生7：第一层：不能再让官场之事来奴役自己自由的心灵了。第二层：往日的时光不可追回了，那就珍惜未来的时光，活出一个真实的自己吧。第三层：确实误入迷途还不算远，对于昨天而言，今天脱离官场、回归田园的选择就是正确的。

师：很好！不过，第二、三层的层意还可以再精练些。同学们可以再提炼、加工一下。

（生提炼、加工层意，层意要点：

1. 不能再让官场之事来奴役自己自由的心灵了。

2. 忘记昨天，珍惜未来的时光，活出一个真实的自己。

3. 确实迷途还不算远，我已经认识到，今天这样的选择该是正确的。）

师：请同学们再看看诗的标题。

生8：这首诗的题目是"归去来兮辞"。题目中的"归"字就是"回家"的意思。作者起笔就呼喊"归去来兮，田园将芜胡不归！"，这样写也是为了紧扣住诗题。

师：好的。不过，"归去来兮，田园将芜胡不归！"也可以写成"田园将芜胡不归？归去来兮！"，这样写，还更能突出句子的前因后果。请问，作者为什么非要把"归去来兮"置于"田园将芜胡不归！"前面呢？

生8：就是为了突出作者要回归家园的思想感情和诗的主题。

师：是的。这样写，强烈的情感突然迸发，也更能打动读者，吸引读者,震撼读者的心灵。读到这句,读者不由要问:这是因为什么?

(生做课堂笔记:

1. 把"归去来兮"置于"田园将芜胡不归!"前面,是为了更强烈地表达情感,突出诗人欲回归田园的情感和诗的主题。

2. 这样写,强烈的情感突然迸发,更能打动和吸引读者,进而震撼他们的心灵。)

师:请同学们一起把第一段再朗诵一遍,要体现出作者的思想情感。

(生一起朗读,很有进步。)

师:请同学们概括第一段的内容。

生9:写诗人鄙弃官场、回归田园的决心和原因。

师:很好。看来,你用心上课了。(示意生做笔记)

(生做笔记)

师:请同学们再看诗的第二段。"乃瞻衡宇……有酒盈樽"这几句的前后都是六个字一句的诗,这里怎么突然变成四个字一句的了?谁能说说理由?

生10:诗的节奏加快,与诗人归心似箭,急匆匆地奔向并冲进自家院门的心情很合拍。

生11:这样的诗句和节奏,也与作者终于冲出官场樊笼、回归家园的喜悦心情很合怕。

师:是的。这诗句的节奏里有冲出樊笼的狂喜,有归心似箭的急切,也有初入家门的开心和自在。就仿佛"咚咚/咚咚"的鼓点捶在陶渊明的心上。这鼓点也捶在读者的心上。可见,陶

渊明不仅是一位伟大的诗人，也是一位语言大师。（示意生做笔记）

（生在书上做笔记：

1. 诗的节奏加快，与诗人归心似箭，急匆匆地奔向并冲进自家院门的心情很合拍。

2. 这种四字一句的节奏，也与作者终于冲出官场樊笼、回归家园的喜悦心情很合拍。）

师：这几句诗里还有几个细节，不知同学们留意没有？"三径就荒，松菊犹存"中的"松菊"在这里很抢眼。"三径就荒"，指庭院内已经很荒芜了。院子里到底都是些什么花草树木？作者并没有说，只是强调"松菊"还在。为啥只强调"松菊"还在呢？

生12：因为松树和菊花都是耐寒的东西，都象征着高洁和坚韧的精神和人格。这里是在象征作者的高洁品格。

师：很好。这是作者表达情感和志趣的需要，也叫景物描写的典型化，就是因情来选景设境。这种手法，在文学作品中常会用到，用来烘托、隐喻、象征作者或主人公的情感、心理、志趣等。在影视作品里，可以用特写镜头来表达。平时读书和看影视作品时，还请同学们多留心，最好是自己能熟练地运用。例如陶渊明的诗《归园田居》，其中就有"榆柳荫后檐，桃李罗堂前"这样的诗句，这"榆柳"和"桃李"就是为了烘托诗人对园田生活的喜爱之情。哪位同学能再举几个例子？

生13：《红楼梦》中对林黛玉、薛宝钗居住环境的描写就有这样的作用。

生14：我认为，"枯藤老树昏鸦""古道西风瘦马"都属于景物典型化，烘托着诗人的断肠愁思。

生15：我认为，《琵琶行》中的"其间旦暮闻何物，杜鹃啼血猿哀鸣"这两句中的"杜鹃啼血"和"猿哀鸣"也属于这种情况。白居易不可能整天整天地只听得杜鹃和猿猴的叫声，这样写就是为了烘托他遭贬谪后的苦闷心情。

师（非常满意）：非常棒！看来，同学们已经能够理解和把握这种写法了。这一段的最后一句诗"抚孤松而盘桓"，就是在默默地照应前面的"松菊犹存"，进一步表达了诗人恬然独处、无拘无束、自由自在的心态。还有哪些诗句你认为很有情趣？谁来说说？

生16："引壶觞以自酌，眄庭柯以怡颜"写出了诗人自斟自饮、安逸自在的情态。

师：请说说理由。

生16：自己斟满酒杯，自己在那里自饮自酌，偶尔看看院子里的树，再瞧瞧树上有几只小鸟，真的好开心好自在啊！

师：是够开心的了。看来，同学们真的读进去了。"引壶觞以自酌，眄庭柯以怡颜"这两句诗抓住了作者自己的细节动作和神态，写得很是生动传神，尤其是那个"眄"字更是把作者自己的悠闲自得写活了。

生16："云无心以出岫，鸟倦飞而知还。"天上的云彩，好像没心没肺似的，在那里自由自在地漫游；鸟儿都飞一天了，都飞疲倦了，都想着该回家了。世上万物都那么悠闲自在，我也该迷途知返，不能再心为形役，活得那么累了。

师："云无心以出岫，鸟倦飞而知还"字面上写"云"和"鸟"

的自在动作，实际上是以物喻人，拿物自比，寄情于物，表达了作者追求自由、归隐田园的思想情感。请同学们再自由朗读课文第二段，用心体验作者的自由与快乐。

（生自由诵读，体验感受。）

师：这一段写了什么内容？请同学们概括。

生17：写诗人回归田园后在家里的快乐生活。

师：好。（示意生做笔记）

（生都在做笔记）

师：下面，我们一起进入诗的第三段。第三段该是第二段的延续，继续写作者归去的生活和快乐闲适的心情。只是前一段重在写家园之内，这一段重在写家园之外。

"既窈窕以寻壑，亦崎岖而经丘"这两句诗写道：（作者有时驾着篷布小车，有时划着一叶小舟）时而沿着蜿蜒的溪水进入山谷，时而循着崎岖的小路走过山丘。整天忙于这样的农事，一定也是很辛劳的，尤其是对刚卸任县令的作者而言，但他叫苦了没有？

生18：没有。他还以苦为乐呢！

师：你是怎么感受出来的呢？

生18：作者满眼都是"木欣欣以向荣，泉涓涓而始流"，真是满心的喜悦啊！如果不高兴、不开心，他就不会有这样的感受了，也不会这样写了。这叫融情于景，情景交融。

师：只是满心的喜悦吗？

生18：也感慨人生短暂，好年华将逝去。

师：你怎么读出来的呢？

生18:"善万物之得时,感吾生之行休"这两句就有这种意味。

师:对。这两句诗确实流露出作者对人生短暂、盛年无多的感慨。所以,他才会决意"息交以绝游",守住自己的高洁和独立,回归田园,做一个淡泊、真实、自主且自由的自己!看来,更准确地讲,这应该是一种即景生情的写法。

(生在书上做笔记)

师:第二段写诗人在家里的快乐生活,第三段写诗人在家园外面的快乐生活及人生感悟。那么,我们是否可以把二、三两段合为一部分呢?

生(齐声):可以!

师:那就请同学们再概括一下第二部分的内容。

生19:第二部分写作者回到田园后的愉快生活及人生思考。

师:很棒!(示意生做笔记)

(生做课堂笔记,记下第二部分写的内容。)

师:请同学们先自由朗读第三段,加深感受、体会和理解。

(生自由朗读第三段)

师:请同学们再一起朗诵第二、三两段,分享作者回归田园的快乐。

(生一起朗诵第二、三段)

师:下面,请同学们再齐读课文的第四段,注意体会作者的思想情感。

(生一起朗诵第四段)

师:删掉这一段行不行呢?

生20:不能删掉。这一段是抒情和议论,是在画龙点睛,表达作者的思想情感。

师：作者对现实不满，追求自由和独立，要回归田园，还感叹人生短暂、盛年无多，这样的情感不是已经在前面的诗句里表达出来了吗？还写这段干什么呢？

生20：这一段表达的情感和前面的不大一样。

师：那就请你说说怎么个不大一样。

生20：这段诗更侧重作者对人生的思考，表达了作者乐天安命的思想情感。

师：好。这一段是对前三段诗的总结、深化和升华，表达了作者对人生意义的理性思考，那就是一定要乐天安命，顺其自然，坚守住自己的独立和自由。所以，这一段是绝不可删掉的。

（生在书上做笔记）

师：从结构上看，这首诗先写归家之切、归家之乐，顺着路上—居室—庭院—郊野依次展开，最后写对人生的思考，以"已矣乎"回应前文。层层铺垫、推进，最后照应前文，总结、深化和升华。

（生在书上做笔记）

师：请同学们再一起朗诵第四段，加深情感体验以及对作者的理解。

（生一起朗读第四段，进一步体验和感受。）

师：这一段是这首诗的第三部分。请同学们概括这部分的思想内容。

生21：抒发诗人"乐天安命"的情怀，表达其对人生意义的理性思考。

师：很好！

（生自觉做笔记）

师：到此为止，作者到底是怎样表达思想情感的？都运用了哪些手法？这个问题，我们应该算比较好地解决了。下面就请同学们做课堂笔记，把这些写法整理出来。

（生整理课堂笔记。大约五分钟。优秀笔记展示：

1. 先声夺人，更能突出作者要回家的思想感情和诗的主题。

2. 诗句的节奏与诗人心情很合拍。

3. 景物描写的典型化，因情选景，用来象征作者的情感和心志。

4. 即景生情，情景交融。

5. 层层铺垫、推进，最后照应前文，总结、深化和升华。）

师：课后，请同学们思考问题，写一篇感想周记，题目就是"也谈陶渊明的人生抉择"。你们可以赞同陶渊明的人生抉择，也可以不赞同，还可以进行辩证地思考，但都要摆事实、讲道理，要能够说服人。字数600字左右。

下课。同学们，再见！

【教后感言】

这节课，我特别注意了这三个细处：

一者，"归去来兮，田园将芜胡不归！"和"田园将芜胡不归？归去来兮！"对比分析。陶渊明为什么非要把"归去来兮"置前呢？就是为了突出作者要回归家园的思想感情和诗的主题。如果教师不点给学生，学生就不能自己感悟到，更不能感受到作者情感的强烈迸发。这样处理，学生就能较深刻地理解如此前置更能打动读者、吸引读者、震撼读者心灵的妙处。语言如此之妙，学生却连感觉都没有，这该是谁之过？肯定是师之过！

此外，"田园将芜胡不归！"这一句也是诗人迫切归田园的原因，但为什么偏偏只有这一句要置于这首诗最前面呢？那"既自以心为形役，奚惆怅而独悲？悟已往之不谏，知来者之可追。实迷途其未远，觉今是而昨非"这些诗句不也是在表现诗人迫切回归田园的思想情感吗？为什么就没有一句放在最前面呢？说心里话，这个问题是我在上课之初临时生发的。不过，值得表扬的是，学生还是用心探究了。他们认为，"既自以心为形役，……觉今是而昨非"这些诗句更侧重写诗人对人生价值的思考，并不直接表达诗人回归田园的思想情感，所以不宜放在最前面直接喊出来；而"田园将芜胡不归！"是面上的理由，便于直接喊出来。这样的思考，无疑是正确的，更是很有价值的。韩愈讲"师不必贤于弟子，弟子不必不如师"，又讲"道之所存，师之所存也"。

二者，"乃瞻衡宇，载欣载奔。僮仆欢迎，稚子候门。三径就荒，松菊犹存"这几句为什么突变为四字一句了？如果视而不见，只晓得翻译课文，背诵诗句，学生又怎么能深刻感受到陶渊明冲出樊笼的狂喜，归心似箭以及初入家门的开心和自在呢？又怎么会仿佛听到"咚咚/咚咚"的鼓点，产生鼓点好像也捶在自己心上的真切感受呢？当下的很多古诗文教学课堂，只是一味牵引着学生一字一句地翻译课文，把古诗文教学窄化、矮化成古文翻译。在这样的课堂里，学生是不可能感受到这首诗的语言艺术魅力的，也就更不会真正认识到陶渊明既是一位伟大的诗人，也是一位语言大师。

在注重感受和体味这首诗的语言节奏方面,我还特别注意及时矫正学生诵读中暴露的问题,如断句、重音、拖音、辅助音等读不准的问题,引导学生走进诗人的心灵,恰到好处地读出真实的陶渊明来。不仅如此,还反复对比诵读,如齐读和个体读、前后几遍读等,有时重点语句也要反复诵读。我深信,这首诗的语言艺术之美以及诗人的自主精神、独立人格之美,通过这种高要求的诵读,学生一定会深刻体会到的。

三者,如何理解陶渊明特别在意的"松菊"?庭院内已经很荒芜了,到底都是些什么花草树木?作者并没有写,只是强调"松菊"还在。为啥只强调"松菊"还在呢?因为它们象征着诗人高洁和坚韧的精神和人格。这是景物描写的典型化,就是因情来选景设境。为了让学生能够充分理解和把握这种写法,我做了较大的拓展,还充分调动学生的生活积累,终于使学生在骨子里理解了作者这样写的意图以及"松菊"的象征意义。

此外,我还积极引导学生对陶渊明的人生选择展开讨论,让他们自主发表自己的看法。限于时间关系,"也谈陶渊明的人生抉择"这篇感想周记也只能布置到课下了。不过,我认为,学生课下做这样的思辨探究性作业,也许会准备得更充分一些,进而把这次作业做得更好一些。

无比高大的天姥山
——《梦游天姥吟留别》教例

第一课时

引导学生了解作者及写作背景,诵读课文;师生一起疏通文字和文言语法障碍;学生初步把握课文的思想内容,借助工具书和注释能自译课文。

第二课时

师:《梦游天姥吟留别》这首诗历来评价很高,有评论家说它是"一座辉煌的雕像",是"天马行空般的驰骋想象",是在"向世人诠释了瑰丽奇伟艺术境界的最高层次"。(师播放课件,展示评价语。)百闻不如一赏,今天这节课,就让我们来深度赏析这首诗,用我们自己的眼光和心灵来感受这首诗的艺术魅力。

(展示学习目标:

深度赏析这首诗,用自己的眼光和心灵来感受这首诗的艺术魅力。)

(生做记录)

师:首先,请同学们听一听老师的朗诵,感受诗人李白的浪漫情怀和独立人格。

（生用心倾听和感受。师朗诵完毕，生热烈鼓掌。）

师：下面，就让我们一起走进诗人李白为我们创造的浪漫而神奇的诗境。先来看开篇"海客谈瀛洲，烟涛微茫信难求"这两句，请同学们畅想一下"海客"。

生1：我想，"海客"应该就像是云游四海的徐霞客一样，见多识广，经历丰富，谈起自己游访瀛洲的情景，真是眉飞色舞，绘声绘色，神气活现的。

师：可是，就连这云游四方、无处不到的"海客"都感到这瀛洲"信难求"。这说明了什么？

生1：瀛洲该是世间难寻的宝地了。

师："海客谈瀛洲，烟涛微茫信难求"，就这十二个字，如果任由我们的想象驰骋飞扬，简直就可以写成一篇神奇、迷人的"海客瀛洲历险记"了！多么神奇的想象啊！下面是"越人语天姥，云霞明灭或可睹"两句，谁再来说说自己的想象？

生2：天姥山高耸入云，在云霞明灭之间有时可以看得见它的真容。越人谈起天姥山的高耸神奇，一样有说不完的神奇故事。

师：好。这两句和前两句构成对比，形容两者都很神奇，看一次真是不容易。当然，这几句都是写传说，都属于间接描写。接下来，请同学们看看，"天姥连天向天横，势拔五岳掩赤城"这句运用了怎样的写法？还是间接描写吗？

生3：直接描写手法。直接写天姥山非常高，"向天横""势拔五岳掩赤城"。不过，老师，是不是还有点儿夸张啊？

师：赤城山不高，只有338米，这咱就不说了。不过，据测量资料，天姥山的高度也只有八百多米，再怎么高也未见得超出五岳的高度。

（展示资料：

天姥山，海拔只有818米。它附近的天台山主峰，海拔1098米。五岳中的泰山主峰海拔1545米，华山主峰海拔2160米，衡山主峰海拔1290米，恒山主峰海拔2017米，嵩山主峰海拔1440米。）

（生默看资料，思考。）

师：天姥山只有818米高，显然李白又在夸张。那么，我们不禁要问，李白为什么要这样夸张呢？

生4：喜爱天姥山呗。庐山瀑布哪儿有三千尺长！他还不是照样夸张，就是喜爱，不夸张不足以表达喜爱之情。

生5：我认为，这是一首写梦境的诗，描写的是诗人李白梦中所想象的景物。五岳固然都是非常高耸的山，但他梦中的天姥山比五岳还要高，这只是为了突出自己梦中的山的最高，谈不上夸张。

师：好。表达喜爱之情应该没错，不然诗人怎么会梦游呢？日有所思，夜有所梦，肯定是非常喜爱了。说突出自己梦中的山的最高也没错，就是为了突出我李白心中的最爱嘛。但这里我想强调两点：一者这种超现实的天马行空似的想象和夸张体现了李白诗一向的浪漫主义风格；二者李白为什么如此钟爱天姥山，为什么要如此超现实地夸张，恐怕还是有所寄托的。这一点，我们后面再来探究吧。不过，这两句诗中有几个词还是很有表现力的。是哪几个词？又有着怎样的表现力？谁来说说？

生6："横""拔"和"掩"三个字。"横"形容山高势大，就好像横挡住了老天;"拔"不仅有"超出"之意,准确地讲是超越出五岳一大截的感觉,就好像从地底下直接冒出来的那种感觉;"掩"就是掩盖住、遮蔽住,表现了天姥山的雄伟、高大。

师:很好。词的意味,只有放在具体的语境中才会更鲜活,更有滋味,这就是很好的例子,希望同学们把这种品嚼字词的功夫学到家。同学们,有没有信心?

生(齐声):有!

师:我们再看看"天台一万八千丈,对此欲倒东南倾"这一句。这句诗中的"此"该指什么?

生(齐声):天姥山。

师:这是什么写法?

生7:对比衬托。天台山有一万八千丈,这已经很高了,但对天姥山来说,它却像是拜倒在天姥山前一样。这就衬托出了天姥山的高。

师:对,是衬托,但不是对比。衬托有主次,以次衬托主,次为主服务。比如,用伴郎和伴娘来衬托新郎、新娘,是不可喧宾夺主的——伴郎、伴娘是不能打扮成新郎、新娘的样子的。对比就不讲究主次,而是两者平等地对比,以比出两者的不同或差距。比如,张三与李四比胖瘦,就不涉及谁主谁次,谁为谁服务的问题。同学们常常搞不清对比和衬托,不妨到生活中去找些活生生的例子来用心琢磨、比较。杜甫有两句诗最能体现对比了,同学们都常常记诵,是哪两句啊?

生(齐声):朱门酒肉臭,路有冻死骨。

师:很好!总之,这首诗一起笔就驰骋想象,极尽超现实的夸张笔法,把个天姥山写得雄伟高峻,超凡脱俗,令人十分神往。也正是如此令人神往,诗人才迫不及待地开始了他梦游的旅程。

下面,请同学们快速默读"我欲因之梦吴越……空中闻天鸡"这一部分,找出你最喜欢的诗句,并说说理由。

生8:"我欲因之梦吴越,一夜飞度镜湖月,湖月照我影,送我至剡溪",这几句诗我很喜欢,最喜欢"飞度"两个字。大诗人李白居然飞起来了,飞过镜湖,最后又到了剡溪,真是天马行空,太神奇了!

师:很好。不过,这"镜湖月"又是什么意思?谁来说说?

生9:就是镜湖水面上的月色。

师:就是湖面如镜,水波不兴,月映水中。那镜湖月又构成了怎样一种意境呢?我想,应该是一种忽明忽灭,恬静温馨,飘飘欲仙的意境。同学们想想,诗人李白一夜飞度镜湖,一切都是那么恬静温馨,他就好像从月亮上飞过去的,那不是就飘飘欲仙了吗?不过,这里的"飞度"改为"飞越"或"飞过",行不行呢?

生9:不行。

师:为什么?

生9:"飞越"或"飞过"都只强调飞过去了。李白用"飞度"一词,更在于他要告诉我们,他飞越镜湖的过程中是很开心、很自由自在的。

师:很好。"飞度"不仅强调结果,也强调过程。不仅如此,我想,这个"度"字还强调飞行的姿态和心情。我们完全可以这样想象出诗人飞行时的轻盈、翩跹之姿以及无比舒畅的心情。这样品嚼这个"度"字,我们所获得的美的享受也就非常饱满了。

（生自觉在书上做笔记：

1."飞越"或"飞过"都只强调飞过去了。

2."飞度"不仅强调结果，也强调过程。

3.突出强调飞行过程中的姿态和心情。）

师："湖月照我影，送我至剡溪"这句诗中有一个动词也很有味道，谁来说说？

生10：应该是"送"字。不是我飞到剡溪的，是"湖月"把我送去的。多有情趣啊！

师：诗人的想象真的是神奇浪漫！湖月多么讲情义啊，亲自送诗人去剡溪。我想起了《荷塘月色》中的一句话，"微风过处，——"

生（齐声）："送来缕缕清香。"

师：很好。因为梦里的李白心情好着呢，所以"湖月"才那么可心。除了李白，哪个诗人还能如此意兴飞扬、天马行空呢？

下面，我也展开一下想象，给同学们说说"半壁见海日，空中闻天鸡"这句诗所描写的奇景：诗人李白穿上谢公屐，一阶阶登上了高耸入云的天姥山。他伫立在半山腰，只见四周云海翻涌，犹如万马奔腾，苍莽的群山，隐约于其中。眺望东方，一轮红日从海面上冉冉升起，放射出万道光芒。天鸡啼鸣，雄壮而高亢，真是令诗人神清气爽、神思逸飞啊！

（生热烈鼓掌）

师：诗人创作需要想象力，欣赏诗词也是需要想象力，欣赏李白的诗尤其要如此。下面，就请同学们也展开想象，想象一下诗人李白到底是怎么"飞度镜湖月"的？

生11：在皎洁的月色下，在飘飘的祥云边，李白身披白大氅，翩翩而驰，频频招手。

生12：李白伴着祥云，追着明月，脚踏风火轮，手把横笛，笛声悠扬，一路飞过去！

生13：我看，最好让李白骑上白鹿，斜挎着仙人铁拐李的酒葫芦，一路飞过，真是酷毙了，爽呆了。（生笑）

……………

师：同学们的想象真的太神奇啦！为什么大家都想象得这么轻松呢？

生12：因为今儿李白开心。

生13：因为只有李白才配这阵势。

师：很好！李白浪漫，你们也不逊色呀！（生笑）

下面，请同学们一起诵读"千岩万转路不定……失向来之烟霞"这一部分，读后思考并回答问题。

（生一起诵读，思考问题。）

师：请同学们从这一段中选出最能震撼你的诗句，并说说理由。

生14："洞天石扉，訇然中开……虎鼓瑟兮鸾回车，仙之人兮列如麻"这几句最令我震撼，我很喜欢。"洞天石扉，訇然中开"，从这开始，诗人就好像看到了另外一个世界。在这个世界中，日月照耀金银台，日光、月光还有金色、银色交相辉映在那高台上，非常神奇美妙。在这个世界中，老虎鼓瑟，鸾驾着车，神仙排起队迎接诗人李白，诗人也好像是一个仙人似的与众仙人聚会。

师：很好。我们先来探讨"列缺霹雳，丘峦崩摧。洞天石扉，訇然中开"这几句。这是一个怎样的景象?

生15:闪电好像把那座山突然给劈开了,洞天石门訇然打开,就是那个世界真正打开了。

师:这几句在句式上同前面相比,发生了怎样的变化?

生15:变成了短句。

师:请同学们一起朗读一下这几个短句,感受一下表达效果。

(生一起朗诵)

师:如果能读得更急促、更紧凑一些会更好,请同学们再一起朗读一遍。

(生再朗读)

师:诗的句子突然变短,四字一句,这有什么好处?

生16:节奏加强,语势加重,突出了"列缺霹雳,丘峦崩摧。洞天石扉,訇然中开"的巨大力量和强大气势。

师:很好。看来,李白这位浪漫主义大诗人,真是一位语言大师啊!

同学们,注解上说"列缺"是闪电。这个注释本身倒没有问题,但在具体的语境中来看,我认为这个注释的动感和力度还不够,还显得呆板。那么,我们该怎么看待这个"列缺"呢?请同学们展开联想和想象,然后描述一下。

生17:"列"就是"裂"的意思,"列缺"就是把青青的云层整个撕开的样子。下大雷雨的时候,我们经常会看到闪电把乌云撕开的样子。

师:很好!这里的"列缺"不该只是"闪电"这个词,更应该是一种动态的描摹,是指闪电在一刹那撕开云层的形状。这样理解，这个词就活了，就会爆发出强大的力量和巨大的威势。紧接着才是霹雳，才是震耳欲聋的雷声。于是，一座座高山险峰被震得崩塌开裂，乱石横走，地陷天塌了。就在这样的背景下，"洞天石扉"——神仙府第的高大石门打开了——一个神仙游乐的世界就呈现在了我们眼前。词汇本身是死的，是灰色的，我们的想象才是活的，是长青的，也才会生机无限。

（生热烈鼓掌）

师："青冥浩荡不见底"，注解说，这当中的"青冥"是"天空"的意思。受刚才赏析"列缺"的启发，对"青冥"这个词，同学们有没有什么特别的感受？谁来说说？

生18：我觉得，仅仅把"青冥"理解为"天空"也是太干巴。这里的"青冥"比天空显得更深远一些，更有一种空灵感。

师：你怎么会有这样的感觉呢？受了哪几个词的启发？

生18：浩荡。

师："浩荡"讲出了开阔之势。还有吗？

生18："不见底"。

师：对，无边无际。同学们，"冥冥之中""苦思冥想"都有"冥"，请同学们查查词典，然后再说说自己对这个"冥"的理解。

生19：应该是一种非常辽阔、高深、悠远的样子。

师：好，这样理解没错。"青冥"在这里实际上指蓝天无限深远的样子。我们平时喜欢称天空为"青天"，称晴朗的天空为"青天白日"，这当中的"青天"就是指一般情况下晴朗的蓝天。至于"冥"字嘛，就是深远、悠远之意。阴间的人花的钱叫"冥币",就是说那是在很幽远的地方。"浩荡"突出了开阔,"不见底"突出了无限深远。这时候,又日月同辉,天地辉煌,奇光万道,金光银辉,上下激射,为我们呈现了一个灿烂辉煌的世界!这不正是一个神仙的世界吗?

(生屏住呼吸,听得入神。)

师:"霓为衣兮风为马"这句诗写得更妙。如果真的用虹霓做一身衣服穿上,同学们,那会有怎样的感觉?谁来说说?

生20:一定很轻盈,很飘逸。

师:是的。披上虹霓大氅,再跨上长风这匹神骏,那才叫天马行空,无可束缚呢!大家再看"虎鼓瑟兮鸾回车"这一句。虎是百兽之王,此时此刻,竟在鼓瑟。同学们想想,此时此刻,老虎心里会怎么想呢?它能甘心吗?大家想象一下。

生21:老虎心里想,就要和神仙在一起了,太令人神往了。我得热烈欢迎仙人的到来,好好在仙人面前表现表现。

师:很好。因为要迎接神仙的到来,所以老虎一改往日威猛霸道的兽王形象,规规矩矩地在那里鼓瑟,就是高大华美的鸾鸟也来为神仙驾车。亏得李白想象得出来,真不愧是诗仙啊!

生(情不自禁,齐声):太美妙了!

师:同学们再请看"仙之人兮列如麻"一句。这仙人聚会的阵势,任你想象去吧。他们的模样、动作、神态,等等,由你驰骋想象,疯狂地去想!真可谓仙非一仙,器非一器,好一个日月同辉、场面宏大、灿烂辉煌的神仙世界!此时此刻,梦中的李白就在神仙们的旁边。请同学们想想,梦中的李白会是怎样的心情呢?

生22：还是神仙待的地方好，我好想做个神仙啊！

生23：我好像已经加入神仙的队伍了，我真的成了神仙了！

师：对。可惜这只是一个超现实的美梦！一梦醒来，剩下的仅仅是孤零零的自己以及当初伴自己入睡的枕席！至此，李白会感悟到什么呢？

生23：李白深深感悟到，所谓的人生得意、"世间行乐"也不过就如同刚才那个美梦，一切都会如滚滚东逝的江水，一去不返的！

生22：李白认识到，我永远就是我，我必须要活出自我的人生姿态！人生苦短，得意瞬间，当梦游就尽情梦游，当与仙人聚会就与仙人聚会。

生24："世间行乐亦如此，古来万事东流水。别君去兮何时还？且放白鹿青崖间。须行即骑访名山。安能摧眉折腰事权贵，使我不得开心颜！"

师：好！"世间行乐亦如此……使我不得开心颜！"这几句确实是李白此时此境的真实感受。请同学们一起朗诵这几句，再深入感受一下此时此境李白的心情。

（生动情地高声朗诵）

师：这堂课的核心任务就是欣赏这首诗的艺术魅力。请同学们回顾刚才所学的内容，结合自己的体会说说这首诗有怎样的艺术魅力。感受到什么就说什么，感受多少就说多少。

生25：这首诗前面是在写梦境，最后才落到不事权贵的主旨上。诗人大胆运用夸张的手法来描述幻想中的世界，塑造幻想中的形象，写熊咆龙吟，写雷电霹雳，写空中楼阁，写霓衣风马……

令人眼花缭乱、惊心动魄。

师：很好。杜甫曾这样评价李白："笔落惊风雨，诗成泣鬼神。"这样的评论一点儿都不过分。谁再接着说说？

生26：这首诗以七言为主，还交错地运用了四言、五言、六言和九言的句子，句法的变化极富于创造性。诗句有长有短，节拍有急有缓，流畅自然，浑然一体，非常协调，更好地表现了诗人豪迈奔放的思想情感。

师：很好。这首诗为一条诗人感情发展的脉络所贯穿，随着感情的起落，诗的语言富有变化，句子有长短，节奏有缓急，这不仅更好地表现了诗人豪迈奔放的思想情感，也充分体现了李白诗的浪漫主义风格。有人说，李白的诗"虽千变万化，如珠之走盘，自不越乎法度之外"[①]，这是特别中肯的。哪位同学接着再说说？

生27：写这首诗，本来是想借惜别来表现自己自主独立、不事权贵的人生态度的，但诗人却超常规地构思出一幅梦游奇景，想象出一个个仙境里的生动形象。诗人运用了比喻、对比、衬托、夸张、联想等手法，把幻想中的事物写得活灵活现、惊心动魄、超级可爱，这都充分体现了这首诗的浪漫主义色彩。

师：很好。诗人把这些仙境里的自由美好与当时丑恶的现实加以对比，最后回到不事权贵的主旨上来，天衣无缝，浑然天成。还有谁要补充？

（生沉默无语）

师：好。关于这首诗的艺术魅力，我们就先讨论到这里。

[①] 明代李东阳所说。

下面，请同学们整理课堂笔记，逐点概括出来。

（生做课堂笔记，概括这首诗艺术魅力的要点：

1. 诗人大胆运用夸张的手法来描述幻想中的世界，塑造幻想中的形象，写熊咆龙吟，写雷电霹雳，写空中楼阁，写霓衣风马……令人眼花缭乱、惊心动魄。

2. 句法的变化极富于创造性。诗以七言为主，还交错地运用了四言、五言、六言和九言的句子，句子有长短，节奏有缓急，流畅自然，浑然一体，非常协调，更好地表现了诗人豪迈奔放的思想情感，也充分体现了李白诗的浪漫主义风格。

3. 诗人超常规地构思出一幅梦游奇景，充分体现了这首诗的浪漫主义色彩。诗人运用比喻、对比、衬托、夸张、联想等手法，把幻想中的事物写得活灵活现、惊心动魄，将仙境里的自由美好与当时丑恶的现实加以对比，浑然天成地表达了不事权贵的主旨。）

师：其实，李白也曾渴望济苍生、安社稷、辅佐明君治理天下，这一点与历史上一些有志济事的知识分子没什么两样。但他骨子里蔑视权贵、对现实不满、不屈于世俗，非要活出独立自由的自我，这又使他必然要经受一些磨难。诗中的那座无比高大的天姥山，就是他精神和人格的化身，这应该是一种暗喻或象征的写法，很具艺术魅力，很值得我们深入玩味。

（生补充笔记：

4. 诗人运用了一种暗喻或象征的写法，很具艺术魅力。诗人心中那座天姥山之所以无比高大，就是因为它是诗人精神和人格的一种暗喻或象征。）

同学们，通过这节课的品析，这回大家该明白李白为什么要把天姥山写得那么高大了吧。其实，这天姥山就是李白的精神和人格的化身，或者说是李白的精神追求，所以它才那么巍峨高峻，势盖五岳，超凡脱俗的，这绝不仅仅是什么夸张修辞。也有人认为，李白是道教徒，而天姥山又是道教圣地（西王母和玉皇大帝幽会之处），所以在李白心中天姥山当然无比高大。这个问题我们以后再讨论。总之，希望同学们都能像李白一样，拥有自己的天姥山，拥有那仙境般的世界，精神漫游，思想驰骋，特立独行，不必"摧眉折腰事权贵"，活出尊严，活出人格，活出自我来！

下课。同学们，再见！

【教后感言】

欣赏李白《梦游天姥吟留别》这首诗，有两道坎是必须要越过去的：一是李白为什么要那样夸大天姥山，二是李白为什么要极写那仙人之乐。这两道坎突破了，赏析的难点也就突破了，赏析的主旋律也就鲜明了。如果不明确抓住这两点并加以突破，只是在那里絮叨如何神奇浪漫，如何天马行空，如何不"摧眉折腰事权贵"，恐怕整节课只会是一盘散沙，对学生赏诗立魂都无甚大益。一些公开课就是东一耙子西一扫帚的，到最终除了"浪漫主义"这个死概念以及"安能摧眉折腰事权贵，使我不得开心颜！"等几个名句外，什么都是浮云了。这样的古诗赏析课，上与不上没啥区别，还不如直接让学生自学，并按照考纲要求背诵几个名句就是了。

李白为什么要那样夸大本不高大的天姥山呢？显然不能仅仅

停留在李白如何喜爱这个层面上，还应该深入探究李白是否有什么寄托。我认为，李白运用了象征或暗喻的写法，是在拿天姥山自比，是在有意识地、艺术地展示自己的才华、人格和精神。这天姥山并非名山，也无显贵的出身，但诗人偏要把它描写得无比高大，这绝不是什么一时喜爱所致。作为老师，就必须教学生懂得这极大的山体绝不是简单的夸大，这极高的海拔绝不是单纯的拔高，这分明是李白的精神和人格的化身——巍峨高峻，势盖五岳，超凡脱俗，特立独行！不求"摧眉折腰事权贵"，只求活出尊严，活出人格，活出自我！当然，也有人认为，李白是道教徒，而天姥山又是道教圣地，所以在李白心中天姥山当然无比高大。这种说法也是有道理的，课堂上予以肯定即可，可不过多展开分析，留给学生自己思考即可。毕竟诗无达诂，留点儿空间给明天，也不失为一种乐趣。

那么，李白又为什么要极写仙人之乐呢？这个极乐世界又为什么转瞬即逝呢？之所以这样写，显然是为了与现实的丑恶、不独立、不得意、不自由进行对照。仙境般的极乐世界是短暂的，而现实中的丑恶、不独立、不得意、不自由却是没有尽头的。可见，人生得意、及时行乐绝非易事，有机会就一定得牢牢抓住，并且倍加珍惜。故此，李白要极写那仙人之乐，要尽情地享受这短暂的超脱凡尘！

教学生悟得了这两点，这首诗的教读、赏析任务也就算完成了。如果没有完成这个任务，恐怕就不能说我们的教学是成功的。

多情自古伤离别
——《雨霖铃》教例

课前

指导学生了解作者，诵读全诗；利用工具书、注释疏通文字和文言语法障碍；初步把握课文的思想内容。

第一课时

师：这节课我们的学习目标主要有两个：

（展示学习目标：

1. 赏析这首词的抒情艺术。

2. 背诵这首词。）

（生做记录）

师：下面，请同学们先一起朗诵这首词。请注意，要读出情感来。

（生动情地朗诵课文）

师：还算可以。可是感情表达得还不够充分，主要是还没有把悲的味道充分读出来。可能与齐读有关吧。下面，再请两位同学来朗诵。请同学们注意听，一会儿再请你们点评。

（生1朗诵上阕）

生2：还好。就是读得声音还嫌轻，有的重音和停顿还不大合理。比如"留恋处"的"处"、"竟无语凝噎"的"竟"等都要读得重一些，"竟"还要适当地拖长。

师："寒蝉""骤雨""都门""兰舟"等词要读得缓重，"晚""眼""噎"等字要稍拖，要读出那种悲切、凄苦来；同时，还要重视词语间的自然停顿，如上阕"寒蝉凄切，对长亭晚，骤雨初歇。都门帐饮无绪，留恋处，兰舟催发。执手相看泪眼，竟无语凝噎"这几句，应读准音节，自然停顿，读成："寒蝉／凄切，对／长亭／晚，骤雨／初歇。都门／帐饮／无绪，留恋处，兰舟／催发。执手／相看／泪眼，竟／无语／凝噎。"（PPT展示）不仅这首词需这样注意词句的自然音节，其他诗词也如此，希望同学们记住这一点。

（生3朗诵下阕）

生4：我觉得他读得也不够好，主要是力度不够。比如"晓风／残月"要一景一顿，要读出那股凄凉劲儿。再比如"应是良辰好景虚设"的"虚"，"便纵有千种风情"的"纵有"等都需要重读，"虚"字还要拖一些，读出那种感慨与凄凉。

师："更与何人说"的"何"也要重读并拖一些，但语调要低沉，要读出那种无奈与感伤。再有，自然音节停顿的问题还要注意，如"便纵有千种风情，更与何人说？"这两句一定要读成"便／纵有／千种／风情，更与／何人／说？"请同学们一起把下阕诵读一遍，注意感受、体会作者的情感。

（生一起诵读下阕，大有进步。）

师：接下来，请同学们把这首词完整地诵读一遍。自己找感觉，自由诵读，完整地体验、感受这首词的意境和情感。

（生自由诵读，充分体验和感受。）

师：下面，我来做个示范。（范读整首词）

生（齐声）：太棒了！（情不自禁地热烈鼓掌）

师：大家都读了，我也朗诵了。请问同学们，读完这首词，你们认为作者表达了怎样的情感呢？最能表达他这种情感的是哪一句呢？请大家找找看。

生（齐声）："多情自古伤离别，更那堪，冷落清秋节"。

师：（板书：伤离别　清秋节）同学们读了几遍了，请想想看，这首词的情感基调该是什么样的呢？

生（齐声）：悲切、凄凉、感伤。

师：那好，同学们都知道了这首词的感情基调，下面就请同学们用悲切、感伤、低缓的语调来诵读这首词，尽可能读出词的意境和感情来。可以读给同桌听，还可以一起商量怎样才能把这首词读好。

（生读词，有的同学商量着怎么读，约三分钟。）

师：下面先请一位女同学再来朗诵这首词。

（生朗诵）

师：请同桌来评点她的朗读。

生（同桌）：她已经读得很有情感了，把悲的感情读出来了。声音也很好听。

师：再请一位同学来补充。

生5：她读这首词的时候语调一直是比较低平的。我觉得，如果读得再有一点点起伏,就像刚才您范读的那样,应该会更好一些。

师:是的。读词就是要首先能够正确把握词的感情基调。不仅要如此,还要注意读出起伏感,因为作者的思想情感是有变化的,是起伏不定的。我们一定要学习用轻重缓急的语音、语调和节奏把词中所蕴含的感情读出来。希望同学们注意。下面就请全体女同学诵读这首词,男同学做裁判。

(女生诵读)

师:请一位男同学评价一下。

生(男):读得已经很好了。只是有些地方力度还不够,比如,"晚""噎""堪""便""虚""何"这几个字拖得还不够,这就显得抒情的力度还欠点儿火候。

师:评价得很好。不过,这可能与齐读有关系。齐读,在语速和语调、节奏上都会受到一定制约,就不大容易做到整体到位。如果是个人诵读,我相信读的会更好些。女同学都率先做示范了,男同学想不想展示一下啊?

生(全体男生齐声):想!

师:好!那就请男同学再来诵读这首词,女同学做裁判。

(男生诵读)

师:请一位女同学来评价一下。

生(女):确实比刚才女同学读得要好些。男同学更放得开,又特意规避了女同学诵读时暴露的不足,理应更出色些。

师(笑):看来,还是有点儿不大服气啊。不过,齐读确实有很不容易摆脱的制约。这一遍,男同学虽然诵读得很出色,但还是有个别的地方没有到位。比如,"虚""何"字要拖得更长一些,要最大可能地诵读出词人的悲苦和无奈。(师再做示范,动情地诵读"此去经年,应是良辰好景虚设。便纵有千种风情,更与何人说?"这几句。)

(生热烈鼓掌)

师:那就请全体同学再把这首词完整地诵读一遍,要放开,要诵读到位。

(生一起动情地诵读,效果很好。)

师:刚才,同学们又把这首词读了好几遍,应该很熟悉它的内容和情感了。下面,请同学们合上课本,先试着背诵一遍。

(生一起背诵这首词)

师:效果不错。极少数同学还不够熟。看来,同学们对这首词的内容和情感已经能够把握了。那么请同学们再自由诵读这首词,同时准备回答问题:这首词中最能打动你的是哪一句?为什么?

生6:"今宵酒醒何处?杨柳岸,晓风残月"这句很能打动我。它写出了远行人酒醒后的孤单、寂寞和不尽的感伤,并且用凄冷的晓风和残缺的月亮来烘托这种孤单、寂寞和感伤。酒醒之后,伊人不见,又不知自己身在何处,真是无尽的凄凉和悲伤啊!

师:很好。这句写的是想象之景。晓风清冷,残月凄清。孤零零一个人在这清冷的晓风里,在这凄清的残月下,在这杨柳依依的江岸边,再忆起昨天傍晚的凄惨痛别,怎能不痛上加痛?这"晓风残月",这"杨柳岸",极力渲染、烘托了远行人离别后的思念和感伤。这虽然是词人想象中的景物,照样融情于景，达到了情景交融的极致。朗诵的时候也请注意，因为这里是用写景来烘托、渲染远行人的离别之情，所以要尽可能用悲的语调去朗诵。

生7：我最喜欢"此去经年，应是良辰好景虚设。便纵有千种风情，更与何人说？"这几句。

师：请说说理由。

生7：词人眼前的这"良辰好景"，因为没有心上人一同来分享，所以只能是"虚设"。在词人心中，自己这"千种风情"，纵使是真挚美好的，但却没有知心人来倾听，那是最让人伤心的啊！

师：你理解得很到位，应该鼓励。（鼓掌）这几句词确实很精彩。再请一位同学说说，这几句词中最能表达词人这种情感的字是哪个？

生8："虚"。

师：很好！请具体说说理由。

生8："良辰好景"本来营造的是一种欢乐愉快的氛围，但是随后而来的是"虚设"二字，顷刻间就将这种欢乐愉快之景变成一种虚拟之景——也就是说，没有心上人相伴，所有的"良辰好景""我"都无心欣赏，都形同虚设。

师：好！面对这"良辰好景"，纵使勾起了"我"很多感想，"便纵有千种风情"，这满心的相思、满怀的离别之苦，没有"你"在身边，"我"又能向哪一个人倾诉？真够伤心、痛苦的了！再有，这几句里的"纵"（纵使）和"更"（又）这两个词也起到了强化作用，使作者视"良辰好景"为虚设的情感更为强烈了。朗诵的时候，"良辰好景""千种风情"要扬上去，要读出那种感慨；

"虚设"和"更与何人说"中的"虚"与"何"可读得重一些、拖一些,但总体上要低沉,读出词人的伤怀。另外,"应是""便"后面停一停,"更与何人说"这句语速要减慢,读出愁味来。

生9:我最喜欢的是词的第一句。

师:哦,你的想法很独特嘛!请说说你的理由。

生9:因为词的第一句话写的景是秋天之景,秋天之景给人的印象就是比较悲凉,而作者选取"寒蝉凄切,对长亭晚,骤雨初歇"这样的景,就更给人一种悲凉之感。寒蝉的凄鸣、黄昏的暮色、一场刚刚结束的骤雨,这些景物,从声响、光线以及天气等几个维度来渲染、烘托痛别的凄惨,这无疑会更令人伤心、凄苦。就是读者读到这里,也不禁心生凄凉和感伤,尤其是经受过离别之苦的人们。

师:你说得很有道理。其实,秋风、秋雨、秋日黄昏、深秋寒蝉等,这都是典型的写悲秋、写别离的意象。通过这样的秋景来烘托这样的情感,这在古诗词里比较普遍。同学们也学过了不少这样的诗词,谁能再举几个例子?

生10:"塞下秋来风景异,衡阳雁去无留意"。

生11:"无边落木萧萧下,不尽长江滚滚来"。

生12:"满地黄花堆积,憔悴损,如今有谁堪摘"。

生13:"昨夜西风凋碧树。独上高楼,望尽天涯路"。

…………

师:很好!这些都是以秋景烘托心情的佳句。说明同学们的文学功底还是很扎实的。记得这些诗句本身意义并不大,关键是要真的会欣赏古代诗人的写景抒情艺术,要转化为欣赏这种艺术的聪明智慧，要能沉淀为我们的一种文化素养。

刚才同学们都谈了自己最喜爱的词句，也都讲了喜爱的理由。那么，同学们想不想知道老师最喜欢哪一句呢？

生（齐声喊）：想！

师：好。现在我就来说说我最喜欢的那一句。在词的上阕，有一处细节描写最动人。大家说说，是哪一句呀？

生14：是"执手相看泪眼，竟无语凝噎"吧。我们都不好意思说这一句。老师，就请您来说说吧。

师：呵，看来咱俩还是知音啊。好，那你就说说喜爱的理由吧。

生14：这句诗细腻地描绘了一对情人难舍难分的情景。请看，"留恋处，兰舟催发"，一边是依依不舍，一边是一遍又一遍地催促上船，不想分别却又不得不分别。两人只好紧紧地拉着手，四目相对，泪水默默流出，一句话也说不出来。多么动人啊！

师：真的是特别动人！表面上宁静注视，内心里却翻江倒海，"此时无声胜有声"，这恰恰是别离之人内心难以言传的巨大痛苦！

（生热烈鼓掌）

师：这首词一共102个字，上下阕各51个字。然而，词人在上阕中竟用了11个字来写一对心上人难舍难分、异常心伤的细节场面。词人为什么要这样写呢？

生15：因为这样写更能打动读者。

生16：因为这样写才是真实再现一对心上人的痛苦离别。

生17：因为这样写更能突出这首词所要表达的情感。

师：你们说得都对。这首词之所以能打动读者，并不仅仅在于"此去经年，应是良辰好景虚设。便纵有千种风情，更与何人说？"这样打动人心的抒情，不仅在于秋景描写如何凄清悲凉，更在于这"执手相看泪眼，竟无语凝噎"的真实细节。换句话说，如果没有这种难舍难分、催人心酸的细节描写，整首词就会顿失生命的亮色，暗淡无光，后面的抒情也会变得矫情、虚伪甚至苍白。请同学们做课堂笔记，把这句词之所以好的理由（在表情达意上的艺术效果）整理出来。

（生做课堂笔记。师在行间巡视，适当提示。优秀笔记展示：

艺术效果：

1. 这样的细节描写更能打动读者。

2. 这样的细节描写更能突出一对心上人难舍难分的痛苦。

3. 这样的细节描写更能突出这首词的主题。）

师：其实，在现实生活中，同学们也都（多少）经历过（或见到过或读到过）与亲人或朋友痛苦离别这类事情。现在，就请大家回忆自己生活中的别离情景，拿人心比自心，深入体验和感受一下，用心品品这当中的滋味。

（生默默回想和体验。约两分钟。）

生18：有一次，妈妈要出差半个月。我真的不希望妈妈离开我，真的不知道妈妈离开我之后我该怎么自己照顾好自己，尽管妈妈一再嘱咐我。在火车站分别的那一刻，我本来有好多话要说给妈妈的，可是竟一句话也说不出来了，只是感到心里酸酸的，不知不觉眼泪就留下来了。

生19：有一次，爸爸把我送到东北的姥姥家，让我一个人在那里过暑假。因为爸爸工作太忙，妈妈又得出国一个月。本来，我还是很高兴的。可是，当爸爸就要离开我时，我还是禁不住流泪了。只是在那里流泪，一时真不知对爸爸讲些什么才好。

…………

师：再有，"执手相看泪眼，竟无语凝噎"这句中的"无语"很耐人品味。请同学们都想想，假若两个人要说出心里的话来，都会说些什么呢？课堂时间有限，那就请同学们只想一下送别情人的女主人公有怎样的心里话要说吧。

生20：你喝了这么多酒，路上可要当心着凉，别再感冒着，病倒了可没人照顾你了。

生21：船上说不定会有小偷，你喝多了酒，这一去路上可要小心啊，别丢了东西。

生22：你这一去，不知何时才能再回来，真的会想死人家的，你不心疼吗？

生23：这一去，到那边人生地不熟的，遇到点儿啥事，就只能靠你自己了，多多保重啊！

生24：你这个人就是个多情的种，到了那边儿，可不要那么快又把人家给忘了。

生25：你这个人我行我素的，都习惯了，在他乡可不要太任性啊，当心吃大亏。

生26：听说那边的酒更好喝，美女也多，你这个花心人，可要把持住啊！

生27：这一别，我会特别想你的，会天天盼着你回来的，你可一定要早点儿回来啊！

…………

师：看来，同学们都体验、感受的很深啊！今天时间不够了，我们就只能交流到这儿了。回去写一篇两百字左右离别场景的描写，就写在作业本上，一定要是真实的生活场景，一定要能抓住细节，能打动读者。同学们，能不能做得好？

生（齐声）：能！

师：其实啊，还有一点也很重要。那就是这首词上阕的景物和场景描写为下阕的抒情打下了厚实的铺垫。欣赏到这里，该请同学们做课堂笔记了，把这首词的写作艺术总结、整理出来。

（生做课堂笔记，总结艺术特色；教师适当提示。优秀笔记展示：

1. 写景烘托人物心情，渲染离别凄苦的氛围。

2. 注重细节场景描写，细腻、生动、真实地再现心上人难舍难分的情状。

3. 用景物和场景的描写为抒情做铺垫，使得情感的抒发更能打动人心。

4. 现实和联想、想象相结合，情思驰骋，虚实辉映，更为感人，也拓展了词的意境。）

师：这节课即将结束了。别忘了我们还有一个目标，那就是把这首词背诵下来。下面，请同学们再自主默读这首词，用心感受和体会，准备背诵。

（生自主默读，用心准备。）

（生背诵全词，效果很好，全都能背诵下来。）

师：很好！今天的课我们就上到这里，让我们在《雨霖铃》歌声中再来慢慢品味这首词的意境和词所表达的美好情感吧。这首歌是由台湾著名歌星邓丽君演唱的,同学们可要用心欣赏啊!

(生在优美的音乐声中品味、欣赏。)

师:请同学们课后再写一篇三百字左右的周记,谈谈音乐艺术与诗词艺术给我们带来的不同享受。同学们有没有信心做好?

生(齐声):有!

师:下课。同学们,再见!

【教后感言】

这首词最大的亮点,就是"执手相看泪眼,竟无语凝噎"这个动作细节和情态描写,也是最打动人的地方。可是,令我想不到的是,我让学生选最能打动自己的一句词,居然没有人选这句,理由竟是不好意思!这怎么可以呢?我绝不能放过这几句。于是,我们师生展开了深入到位的赏析。我不仅引导学生深入这几句诗的情境,用心感受那双手紧握、依依不舍、四目相对、泪水默默流出、内心翻江倒海的情感,还充分调动学生的生活积淀,让他们谈自己类似的体验和感受。目的只有一个,就是要让学生懂得,"执手相看泪眼,竟无语凝噎"这一细节描写的重要性——没有这个细节描写,就不可能如此真实地再现一对心上人的痛苦离别,就不能深深地打动读者,更会使后面的抒情也会变得矫情、虚伪和苍白,甚至使整首词顿失生命的亮色。

由此,我想到现在的学生作文。写一篇叙事抒情的作文,只需打造几个紧扣立意、灵光剔透的细节就可以了,可惜的是很多学生竟做不来!其实,绝大多数学生的写作能力都应该是在学校学练出来的，尤其是经典课文的学习和悟得——古诗词的学习也不例外。当下的古诗词教学，几乎清一色的字词解析、翻译课文、死记名句，高层次的也不过是照搬一些资料上翻译课文式的讲析。至于诗词是怎样写的，则往往照搬成说，浮皮潦草地一带而过，尤其是为什么要这样写，则干脆不闻不问，仿佛与古诗词根本不沾边似的。古诗词教学一样可以进行写作指导和训练，这是由语文的天性所决定的，同时也是一种学生最感兴趣、最乐于参与、最容易出实效的写作历练方式。"执手相看泪眼，竟无语凝噎"就是一个范例，这首词更是一个范例，我这样认为，更引导学生这样去历练。就是那"无语"，我也指导学生用心品味并展开想象，想象女主人公如果说话则会说出怎样的心里话。学生兴趣特别高，积极参与并发言，这是出乎我意料的惊喜。教例中列出的仅仅是一部分。为此，我还布置了两个课后练笔作业：一是写一篇三百字左右的周记，谈谈音乐艺术与诗词艺术给我们带来的不同享受；二是写一篇两百字左右的离别场景的描写，要求一定要是真实的生活场景，一定要抓住细节。这两个作业，下节课还要当堂展示，并且当场进行评价交流。这也是我"依文练笔"写作训练的一种形式。从当时的课堂情形及效果来看，我选择这样教学应该是对的。

再有，有学生说自己最喜爱"寒蝉凄切，对长亭晚，骤雨初歇"这几句，也说出了很好的理由。说实话，我当时很愕然，因为我没有充分的准备，更没有想到学生会把理由讲得那么好。秋风、秋雨、秋日黄昏、深秋寒蝉等，这都是典型的写悲秋、写别离的意象，古诗词里常见。看来，那位同学这方面学得不错，很有点儿功底。更可喜的是，学生还举出了不少写作手法相似的古诗句。学生能够记得这些诗句本身意义并不大，关键在于要能够运用，要真的能够悟得古代诗人的写景抒情艺术，进而转化为欣赏这种艺术的聪明智慧，沉淀为一种文化素养。看来，这种没有充分预设的课堂教学，也可以做得很亮丽可人。这一点，以后的课堂教学中一定要不断强化才是。

　　此外，学生在重音、拖音以及自然音节等方面的学习和领会上进步很大，这一点也出乎我的意料。最后一遍与最初一遍诵读相比较，进步实在是太大了。这一点与学生都特别喜爱这首词很有关系，与我的几次范读也有一定关系。看来，教师亲自做示范诵读还是特别重要的，这是播放录音的教法所不好比的，因为教师示范诵读更具现场感。看来，以后在示范诵读上我还要多下些功夫。

生男埋没随百草
——《兵车行》教例

第一课时

学生了解作者及写作背景,诵读课文;师生一起疏通文字和文言语法障碍,学生自译课文,初步把握课文的思想内容。

第二课时

师:诗圣杜甫的一首《兵车行》,伴随着隆隆的兵车,嘶鸣的战马,驶过了几个世纪,永远定格在历史的荒尘古道,矛头直指当时穷兵黩武的最高统治者,也拷问着我们每一个爱好和平的人的良知。今天这堂课,我们主要做到两点:

(展示学习目标:

1. 欣赏和把握作者的抒情艺术。

2. 争取能把这首诗背诵下来。)

(生做记录)

师:下面,我先来朗诵《兵车行》,请同学们认真听并用心感受。

(生用心听老师朗诵并感受,约三分钟。)

师：老师的朗诵怎么样？谁能说说自己的感受？

生1：水平很高，实在是高（笑）。

师：太抽象了，有拍马屁的嫌疑。（生笑）请具体说说。

生1：我觉得好像杜甫在朗诵，把老杜的忧愤之情都表现出来了。

师：朗诵就是要把自己的感情投入进去，就是要读懂作品，读出作者，也读出自己。谁还说说？

生2：我认为，老师的朗诵体现了杜诗的特点。

师：什么特点？

生2：沉郁顿挫。要悲就悲，要愤就愤，有点咬牙切齿的味道。

师：很好。你们俩感受得比较到位。下面就请同学们根据自己的感受，放开了、自主地朗诵一遍，好好感受一下作者的情感。

（生自由诵读，约三分钟。）

师：好。下面请同学们再一起朗诵一遍。

（生一起朗诵，约三分钟。）

师：很好！很有味道了！下面，请同学们再自主诵读"车辚辚，马萧萧……哭声直上干云霄"。同时，思考问题，作者为什么要把这段行军场景描写置于全诗的开头？

生3：我认为，作者是按照"行人"的观察、打听和感慨顺序写的。先看到百姓生离死别为军队送行的场面，接着打听情况，最后抒发情感。按照这个顺序写，最先看到的死别，为军队送行的场面这一部分就应该置于开头。

生4：××同学说得有道理。但我认为，这样开头作者还是有所考虑的。他是想用这样的开头先一下子抓住读者，让读者感到震撼。

生5：老师，我认为，这样开头还应该有交代后面"问行人"的原因的作用，不然，后面"问行人"就没了来头。

师：你们几位同学说得都不错。说明大家动脑了。不过，我还想补充两点，一是这样的开头为全诗定下悲愤沉郁的基调，二是与诗中议论和抒情遥相呼应，突出诗所要表达的思想情感。下面，就请同学们整理笔记，把作者这样开篇的理由简明地整理出来。

（生整理笔记：

1. 按观察、问询、议论和抒情的顺序来写。

2. 为全诗定下悲愤和沉郁的基调。

3. 制造悬念，吸引读者，令读者震撼。

4. 首尾呼应，突出诗所表达的思想情感。）

师：这一部分中有一句诗具有夸张色彩，是哪一句呢？谁来说说？

生6："哭声直上干云霄"。

师：好。哭声确实很大，但显然不可能冲到云霄之上。你再说说，这样写有什么好处？

生7：突出老百姓生离死别的痛苦，突出战争的罪恶。

师：是的。不过，我们还可以从作者的角度来欣赏一下。

生8：我认为，这句夸张也突出了作者对受难百姓的强烈同情。

师：是的。也突出了作者反对穷兵黩武的思想情感。

（生在书上做笔记。笔记要点：

1. 突出老百姓生离死别的痛苦。

2. 突出开边战争的罪恶。

3. 突出作者对受难百姓的真切同情。

4. 突出作者反对穷兵黩武的思想情感。）

师：作者到底运用了什么修辞，这并不是目的，最重要的是为什么要用这种修辞。我们知其然，更要知其所以然。诗人杜甫在这里之所以会这样疾声呼号，就是因为压抑不住自己的强烈情感。这是一种很自然的运笔行为。当时，除了夸张修辞，他绝不会想到要用其他什么修辞手法的。所以，希望同学们以后不要总是满足于知道是什么修辞，而是要多问几个为什么。请同学们再一起朗诵这几句。

生（齐声）："车辚辚，马萧萧……哭声直上干云霄"。

师：好。但还要语意停顿，也就是诗句音节的自然停顿，以突出这首诗的顿挫感。比如，"牵衣顿足拦道哭，哭声直上干云霄"这两句，一定要读成"牵衣/顿足/拦道/哭，哭声/直上/干/云霄"。请同学们一起再把"车辚辚，马萧萧……哭声直上干云霄"这几句诵读一遍，用心感受诗的情感、意境和节奏。

（生一起诵读，用心感受。）

师：顺便再问同学们一个问题："牵衣顿足拦道哭"中几个动作是否可以互换位置，比如，写成"拦道顿足牵衣哭"等。

生9：好像不可以，但我说不出什么理由。

师：你很实在，好。其实，这句诗是按照由轻到重的顺序行文的。送行的百姓不忍心子弟去前线送死，"牵衣"不被允许，就只好"顿足"；"顿足"也无济于事，就只好"拦道"；"拦道"则被驱散，于是就只有"哭"的份了。请同学们默诵这几句诗，闭上眼睛好好感受一下,这有多么悲惨啊!在诗人笔下,灰尘弥漫,车马滚滚,哭声遍野,直冲云天,这是一幅成千上万的家庭妻离子散的人间悲剧,令人触目惊心!

(生无语,闭目,感受。)

师:接下来,请同学们再一起朗诵"道旁过者问行人……天阴雨湿声啾啾"。思考"道旁过者问行人,行人但云点行频"中的"过者"可能是谁?作者写这两句有什么意图呢?

生10:可能是诗人自己。

师:对。这个"过者"很可能就是作者。请同学们想想,作者为什么不直接把"过者"写成自己呢?

生10:我认为,作者这样写更真实。

师:把"过者"直接写成作者自己就不真实了吗?

生10:我的意思是一旦把"过者"改为作者,好像就不客观了。

师:我明白你的意思了,就是说作者故意跳出局,想用第三者的眼光来看,更增强客观性和故事性。对吗?

(生示意认可)

师:好的。请同学们想想,"行人"答话这部分可以分几个层次?每一层都写了什么?可以讨论。

(生思考,有人讨论,约三分钟。)

师:谁先来说说?

生11:我认为,大致可以分三层。第一层"或从十五北防河……武皇开边意未已",写某个人的灾难;第二层"君不闻,汉家山东二百州……生男埋没随百草",写战争给天下百姓带来的灾难;第三层是最后两句,是"行人"的控诉。

师：很好。第一层从个体的角度来描述，还揭示了战争之源；第二层从群体角度进行描述，控诉唐朝统治者发动开边战争的罪恶；第三层借"行人"之口控诉战争罪恶，抒发作者同情人民、反对开边战争的情感。

师：关于层次的划分，还有没有不同意见？

生12：我也认为应该分两层。

师：好的，也请你说说。

生13：我认为，"或从十五北防河……生男埋没随百草"为第一层，写统治者的开边战争给人民造成的灾难。这一层可以再分两小层，意思与刚才分的一样。"君不见，青海头，古来白骨无人收。新鬼烦冤旧鬼哭，天阴雨湿声啾啾"这几句为第二层，写"行人"对统治者穷兵黩武的强烈控诉和不满。

师：很好。最后几句作为总结和升华，表达作者强烈的控诉和批判。这样一来，层次划分更合理一些。这个问题，我们就探讨到这里吧。（示意学生做课堂笔记）

（生做课堂笔记，概括层意。）

师：好。下面同学们先自主地诵读"道旁过者问行人……武皇开边意未已"这一层，用心记忆，看谁记得准、记得快。

（生自主诵读，用心记忆。）

师：请同学们再一起朗诵这一部分。

（生一起朗诵）

师：请同学们合上课本，背诵这一部分。

（生一起背诵，效果不错，基本上都能背诵了。）

师：下面，请同学们再自主诵读"君不闻，汉家山东二百州……生男埋没随百草"这一层，用心记忆。

（生自主诵读，用心记忆。接下来是一遍齐读和一遍背诵，效果不错。略）

师：前面提到，第一层写的是个体灾难，第二层写的是群体灾难。可是我想，个体灾难和群体灾难不都是灾难吗，作者为什么还要写个体呢？这第一层是否可以删掉呢？请同学们思考，也可以讨论。

（学生思考，讨论，约两分钟。）

生14：不能删掉。这段个体描述更具象化，具体感人，因而更能突出统治者发动战争给每个人带来的灾难。

师：很好。谁还能补充？

生15：个体描写是从服兵役年龄之小、时间之长的角度突出开边战争的罪恶的，与群体描述的角度也不同。

师：好。个体描写突出了服兵役年龄之小、时间之长。那你就说说，群体描述又突出了什么呢？

生15：群体描述突出战争给农耕和人民生活带来的灾难，实际上与第一层的内容并不重复。

生14：群体描述还突出了灾难之广、之重、之烈。

师：很好。这样从不同角度来写，既保证了角度上不重复，又点面结合地突出了战争给人民造成的灾难，可见作者构思之妙啊！不过，这第二层就一点儿也没有写兵役的灾难吗？

生（一部分同学说）：写了。"信知生男恶……生男埋没随百草。"

师：这不与第一层的内容重复了吗？

生16：我认为，还是没有重复。这里是从老百姓家庭的角度写的，还是在写群体灾难。

师：好的。看来，作者是必须要写这第一小层的，请同学们先整理出作者必须写第一层的理由。

（生做课堂笔记。优秀笔记展示：

这样写的理由：

1. 突出统治者发动战争给个人命运带来的灾难。

2. 突出个人服兵役年龄之小、时间之长。

3. 与后面的内容点面结合地突出了战争的灾难。）

师：请同学们再做课堂笔记，整理出作者写第二小层的理由。

（生做笔记。优秀笔记展示：

写第二小层的理由：

1. 从面上突出战争给农耕和人民生活带来的灾难。

2. 突出了灾难之广、之重、之烈。

3. 更加深入地揭露统治者穷兵黩武的罪恶。）

师：这第二部分写开边战争给人民造成的灾难，也强烈地控诉了战争发动者的罪恶。请问同学们，这出人间悲剧的制造者该是谁呢？

生（全部）：唐朝皇上。

师：大家有什么证据吗？

生（齐声）："边庭流血成海水，武皇开边意未已。"

师：吾皇不是汉武帝吗？

生（部分学生嚷嚷）：应该是唐明皇。注解说的，唐人在诗中喜称自己为汉。

师：对。作者是不会明确地把矛头直接指向当时的最高统治者的，他也害怕脑袋搬家啊。看来，他用"武皇"这个称谓，（下文还有"汉家"）也应该是一种曲笔，一种自我保护。可是，诗圣杜甫毕竟还是拥有自己高贵勇敢的良心的，真有点类似现在敢于揭露事实真相的"时代勇士"啊。仅凭这一点，我们就该仰视。

下面，给同学们一个机会，请大家在诗的第二部分里选出你印象最深的诗句，并说说理由。

生17："去时里正与裹头，归来头白还戍边"这句我印象很深。

师：请说说理由。

生17：这句中的"里正与裹头"写服兵役者年龄小，"头白"写年龄之大，也突出了服兵役时间之长。这样写，比写成"年龄小"和"年龄大"之类更生动形象。

师：好。不过这里还有个字很能表达"行人"的情感，是哪个字呢？

生17：该是"还"字吧。

师：是的。你能说说理由吗？

生17：强调虽然年龄大了，还是要被征去戍边，得不到休息。

师：对。可见兵役灾难之重啊！

生18："生女犹得嫁比邻，生男埋没随百草"这句我印象很深。

师：好。你也说说理由。

生18：这句诗突出了老百姓的怨恨之情和反战心理。因为，古人都是很讲究男尊女卑的。

师：你说得一点儿不错。老百姓之所以会产生这种非正统的扭曲心理，完全是战争所造成的罪恶。可是，我是这样想啊，男人都去当兵打仗了，都快死光了，女孩还能嫁给谁呢？这不是矛盾吗？这样写是不合理的，逻辑上讲不通。同学们，诗人这样讲到底是不是逻辑上讲不通呢？谁来说说？

生19：我认为，逻辑上是有毛病，但很能打动我。

师：的确，在逻辑上讲，这样的话是有毛病的，但是有时人为了表达情感的需要，却偏偏要这样讲话，以突出自己强烈的情感。最常见的是，"老天爷呀，你咋就不长长眼啊！"之类的话。老天爷怎么会长眼呢？这只能是说话人的一种无奈的诉求。虽违背常理，但却很有利于表达强烈的情感。在古诗词里也常见这样的写法，比如"泪眼问花花不语，乱红飞过秋千去"这样的诗句。花是不可能说话的呀，但诗词主人公希望它说话，希望它能理解自己的相思之苦。希望同学们在阅读欣赏文学作品时能留意这样的写法。文学创作，有时是要突破常理的。

（生自觉做笔记）

师：下面，我再问大家一个问题："行人"真的就是行军队伍中的一个军人吗？如果不是的话，作者又为什么要这样构思呢？请同学们思考，还可以讨论。

（学生思考，讨论，约三分钟。）

生20：我认为，"行人"不一定就是当时行军队伍中的一个军人。

师：你的理由？

生20：一个军人，一般都没有什么文化，不可能说出诗中那些话来。比如，诗的最后两句就很有文采。

生21："行人"不一定就是当时行军队伍中的一个军人，这一点我赞同。但诗是经过诗人加工了的语言，况且这"行人"的话也不见得多么有文采。我认为，作者虚拟一个"行人"是为了便于自己说话，是在借"行人"的嘴巴来描述、议论和抒情。

生22：我认为，作者也许真的就向行军队伍中的一个军人打听过事情的原委并做过交流，而后在这个基础上进行了一定的艺术加工。这个"行人"应该确有其人，两人对话也应该确有其事。例如，杜甫的《石壕吏》就是这样写成的。

师：你们讲得都很有道理。我认为，这个"行人"多半应该是作者虚拟的。也许确有其人和其事，但两人的交流很可能没有这么深入。理由也比较简单，队伍在行进，"行人"就在队伍中，不可能有时间与作者谈这么多话。作者虚拟了这个"行人"，一是便于说自己的话，便于议论、抒情；二是借"行人"的嘴巴来控诉，也增强了故事的真实性；三是把服役时间之长、地域之广、战争之罪恶尽由"行人"之口说出来，这样写更集中有力，更能突出诗的思想主题。下面，请同学们做课堂笔记，整理出作者虚拟"行人"的理由。

（生做课堂笔记。优秀笔记展示：

虚拟"行人"的理由：

1.便于诗人说自己的话，便于议论抒情。

2.借"行人"的嘴巴来控诉，增强故事的真实性。

3.由"行人"之口说出服役时间之长、地域之广，战争之罪恶，这更能集中有力地突出诗的思想主题。）

师：请同学们再一起朗诵"道旁过者问行人……天阴雨湿声啾啾"。

（生一起朗诵）

师：很好！很有味道了。其实，这一部分表面上是在诉说，好像是一种客观的描述，实际上也是饱含着"行人"的怨愤之情。请同学们细细品味一下这些诗句，看看有哪些词语能流露出这种怨愤之情。

生16："还""意未已""纵有""况复""犬与鸡""敢""从何出""信知""犹得"。

师：很好。你还能说说这些词是怎么传情达意的吗？

生16："还"这个词我们刚才探讨过，这里就不再说了。"意未已"揭露了唐明皇无视人的生命、一味开边的贪婪和残暴；"纵有"突出了战争给农民的生产和生活带来的灾难，流露出作者的深切同情；"况复""犬与鸡"更是突出了战争残酷、随意践踏军人生命的罪恶；"敢"是"不敢""哪里敢"之意，"从何出"是"哪里拿得出来"之意，突出了黎民百姓的无奈和怨愤；"信知"是"确实知道"的意思，"犹得"是"还能够"的意思，突出了战争的残酷，已经到了足以摧毁人们的传统意识的程度。

师：很好！这就叫叙事抒情，字里行间都蕴含着诗人强烈的情感。写景抒情、托物言志、直抒胸臆之类的写法同学们都比较熟悉，而对叙事抒情、寓情于事的写法还比较陌生，这里不妨好好向杜甫学学。其实，很多叙事性诗词和散文等都有这个特点，今后同学们不妨多多留意、好好体味。（同时引导学生回顾学过的邹韬奋的《我的母亲》、莫怀戚的《散步》以及归有光的《项脊轩志》等课文,回顾其叙事抒情的写法,加深印象。具体情况略。)

下面,就请同学们做笔记,把这首诗的主要写作特色整理出来。

(生做课堂笔记,整理出这首诗的写作特色。优秀笔记展示:

这首诗的主要写作特色:

1. 叙事抒情,寓情于事,字里行间流露情感。

2. 开篇进行场景描写,制造悬念,吸引、震撼读者,也为全诗定下基调。

3. 虚拟一个"行人",集中讲述,表达思想情感,突出诗的思想主题。)

师:最后,我必须要告诉同学们,不义战争是一切苦难的根源,我们必须反对这种战争。"可怜无定河边骨,犹是春闺梦里人!"[①]杜甫是那个时代的反思者和批判者,他有一颗忧国忧民的伟大心灵,他始终和人民的苦难连在一起,他始终反对不义的开边战争!因为,这种战争的后果,比战争本身更可怕,是疾病、饥饿和暴行,是土地的荒芜、家园的毁灭,是人性的堕落、道德的败坏。这是一种不人道的比兽行还要可恶的行为。让我们倍加珍惜身边的和平与美好吧!

下面,请同学们把书本合上,一起动情地背诵这首诗。

(生几乎都会背诵了,效果很好。)

师:下课。同学们,再见。

---

① 唐代陈陶《陇西行四首·其二》中的诗句。

【教后感言】

这首诗中的"过者"是否就是诗人自己呢？如果是诗人自己，他为什么不自己直接出场呢？"行人"，显然可以理解为军队队伍里的一员，但是否真有其人呢？这两个问题很重要。可惜的是，当下的一些课堂上却罕见有教师引领学生追究这几个问题了。这堂课，我引领学生对这几个问题进行了比较深入的探究，得出了一些很有价值的结论。从中可以窥见作者虚拟这两个角色是动了一番心思的。不虚拟出这"过者"和"行人"来，净是用作者一个人的嘴巴说话，这首诗就不会有那么宏阔的意境。更不会那么真实感人。这是作者在进行艺术创作，绝不能漠视甚至无视，否则学生根本学不到东西！

"生女犹得嫁比邻，生男埋没随百草"这两句诗显然是有逻辑缺陷的。既然战争把男人都快打光了，女人嫁人不也成难题了吗？但是我们读着这样的诗句却并没有感到荒诞不经，反而觉得特别震撼。这个问题也是很值得思辨、探究的。从客观情理的角度看，战争毁灭了男人，女人又怎么能出嫁呢？然而，从文学艺术创作的角度来看，这种逻辑上有缺陷的诗句却成了经典。这里面，可探究的东西真的太多了。这节课只是开了个小口子，还不能很从容、深入地展开，这应该是一个遗憾。

"去时里正与裹头，归来头白还戍边"与"生女犹得嫁比邻，生男埋没随百草"都是写兵祸，但前后为什么重复？这个问题也很重要。说实话，如果不深入阅读、用心思考，这类问题是很容易被忽视甚至无视的——当下很多课堂就无视了这个问题。但是，只要用心地去思考和探讨，就会发现这何止是在反复咏叹，更是在多角度地控诉战争给人民造成的灾难。"去时里正与裹头，归来头白还戍边"突出战事之长、戍边之久；"生女犹得嫁比邻，生男埋没随百草"则突出战争给人民造成的灾难之广、之重、之烈，更加深入地揭露统治者穷兵黩武的罪恶。一些评论者都喜欢这样讲，这首诗的主要写法是融情于叙事和描写之中，无论是描写叙述，还是代人叙言，都自然地融进了诗人激烈、深沉的思想感情。这样的结论谁都可以讲，关键是诗人的情感是怎样融进去的，关键是诗人是怎么用心思创作的。学生要深入体验、感受、探究的就是这"怎么做的"，学生要真正悟透学得的也是这"怎么做的"。可见，要想让学生探究得有兴趣，品析得有真味，并最终真正有所收获，就不能忽视甚至无视这些特别关键的问题。所以，诗也好，文也罢，要想让学生深度把握作者的思想情感，更重要的是要在品味作品的语言上下功夫，要能品出语言的真味。这首诗的语言很平实，但却很有滋味，越是这样就越要下真功夫和深功夫。